Dr. Oetker

SCHOKO KUCHEN

Dr. Oetker

SCHOKO KUCHEN

Dr. Oetker Verlag

4 VORWORT

Seit es Schokolade gibt, hält sie uns in ihrem betören-
den Bann. Kaum jemand kann dieser süßen Versuchung
widerstehen. Schon ihr mattbrauner Glanz setzt uns in
Verzückung – und wenn wir erst einmal diesen warmen,
edlen Duft in der Nase haben, sind wir nicht mehr zu halten.
Warum auch?

Dieses sinnliche Vergnügen sollte man sich hin und
wieder mal wieder gönnen. Schokolade entspannt, macht
glücklich und ist in kleinen Dosen sogar gesund. Es gibt
viele Arten, sich diesen Genuss auf der Zunge zergehen zu
lassen. Wenn Sie mit Schokolade backen, dann entstehen
Schokokuchen – zum Dahinschmelzen gut.

Ob Torte, Tarte, Rolle oder Schnitte, ob Brownie, Muffin
oder Törtchen, hier ist für jeden Schoko-Geschmack
etwas dabei. Raffinierte kleine und große Versuchungen
in Zartbitter, Vollmilch oder weiß. Sie sehen nicht nur so
verführerisch aus, wie nur Schokolade es kann, sondern
schmecken auch so.

Alle Rezepte wurden von uns nachgebacken und sind so
beschrieben, dass sie garantiert gelingen.

Lassen Sie es sich schmecken!

6 WIENER SCHOKOLADENTORTE 16–18 STÜCKE

PRO STÜCK: E: 10 g, F: 33 g, Kh: 34 g, kJ: 1982, kcal: 473, BE: 3,0
ZUBEREITUNGSZEIT: 40 Minuten, ohne Kühlzeit
BACKZEIT: etwa 70 Minuten

RAFFINIERT

FÜR DEN RÜHRTEIG:

250 g Zartbitter-Schokolade
250 g Butter (zimmerwarm)
150 g Zucker
5 Eigelb (Größe M)
3 Eier (Größe M)
200 g abgezogene, gem. Mandeln
100 g Semmelbrösel
2 gestr. TL Dr. Oetker Backin
5 Eiweiß (Größe M)
100 g Zartbitter-Raspelschokolade

ZUM BESTREICHEN:

3 EL Johannisbeergelee oder Orangenmarmelade
2 EL Wasser

FÜR DEN GUSS UND ZUM GARNIEREN:

250 g Zartbitter-Schokolade
2–3 TL Speiseöl

1 EL Kakaopulver

---

1. Für den Teig Schokolade in Stücke brechen, in einem Topf im Wasserbad bei schwacher Hitze unter Rühren schmelzen, etwas abkühlen lassen.

2. Den Backofen vorheizen.
Ober-/Unterhitze: 160–180 °C
Heißluft: 140–160 °C

3. Butter mit einem Mixer (Rührstäbe) auf höchster Stufe geschmeidig rühren. Nach und nach 100 g des Zuckers,

Eigelb und Eier unterrühren (jedes Ei/Eigelb etwa ½ Minute). Mandeln mit Semmelbröseln und Backpulver mischen, in 2 Portionen kurz auf mittlerer Stufe unterrühren. Geschmolzene Schokolade unterrühren.

4. Eiweiß steif schlagen, den restlichen Zucker unterschlagen. Eischnee vorsichtig mit der Raspelschokolade unter den Teig heben. Den Teig in eine Springform (Ø 28 cm, gefettet) geben und glatt streichen. Die Form auf dem Rost in den vorgeheizten Backofen schieben. Den Tortenboden **etwa 70 Minuten backen.**

5. Den Tortenboden aus der Form lösen und auf einem mit Backpapier belegten Kuchenrost erkalten lassen. Den Tortenboden auf eine Tortenplatte legen.

6. Zum Bestreichen Gelee oder Marmelade glatt rühren oder durch ein Sieb streichen, mit Wasser in einem kleinen Topf unter Rühren 2–3 Minuten kochen lassen. Den Tortenboden damit bestreichen, etwas antrocknen lassen.

7. Für den Guss Schokolade in Stücke brechen, mit Speiseöl in einem kleinen Topf im Wasserbad bei schwacher Hitze unter Rühren schmelzen. Die Torte mit zwei Dritteln der Schokolade überziehen.

8. Zum Garnieren restliche Schokolade auf einem runden Stück Backpapier (Ø etwa 30 cm) gleichmäßig dick verstreichen, dabei einen etwa 2 cm breiten Rand frei lassen. Schokolade mit dem Backpapier auf einen leicht tiefen Suppenteller legen, sodass sich eine Falte bildet. Den Teller mit dem Backpapier 5–10 Minuten in den Kühlschrank stellen, bis die Schokolade fest geworden ist.

9. Den Teller wieder herausnehmen und das Backpapier vorsichtig abziehen. Die Schokoladenplatte vorsichtig auf die Tortenoberfläche legen. Die Torte vor dem Servieren mit Kakao bestäuben.

Tipps: Die Wiener Schokoladentorte schmeckt gut durchgezogen (2–3 Tage) besonders gut.

Sie können den Tortenboden zusätzlich füllen. Dann den gebackenen Boden vollständig erkalten lassen und einmal waagerecht durchschneiden. Den unteren Boden mit 2 Esslöffeln Johannisbeergelee, Aprikosenkonfitüre oder Orangenmarmelade bestreichen. Den oberen Boden darauflegen und leicht andrücken. Dann die Torte wie im Rezept beschrieben mit der Schokolade belegen.

8 DREIERLEI SCHOKOLADENKUCHEN 24 STÜCKE

PRO STÜCK: E: 3 g, F: 17 g, Kh: 21 g, kJ: 1078, kcal: 258, BE: 2,0
ZUBEREITUNGSZEIT: 40 Minuten, ohne Kühlzeit
BACKZEIT: 10–15 Minuten

RAFFINIERT

FÜR DEN KNETTEIG:

125 g Vollkornkekse

60 g Weizenmehl

1 gestr. TL Kakaopulver

1 Pck. Dr. Oetker Vanillin-Zucker

1 Ei (Größe M)

75 g Butter oder Margarine

FÜR DEN BELAG:
1. SCHICHT

200 g weiße Kuvertüre

75 g Crème fraîche

25 g getrocknete Beerenmischung, ungeschwefelt, Cranberrys, Blaubeeren, Sauerkirschen

1 TL Zitronensaft

2. SCHICHT:

75 g Crème fraîche

25 g Schlagsahne (mind. 30 % Fett)

200 g Vollmilch-Kuvertüre

75 g Vollkornkekse

2 EL Orangensaft

3. SCHICHT

200 g Zartbitter-Kuvertüre (etwa 55 % Kakaoanteil)

100 g Schlagsahne (mind. 30 % Fett)

evtl. 1 EL Rum oder Amaretto (Mandellikör)

Kakaopulver

1. Für den Knetteig Kekse in einem Blitzhacker fein zerkleinern. Oder Kekse in einen Gefrierbeutel geben. Beutel verschließen. Kekse mit einer Teigrolle fein zerbröseln. Brösel in eine Rührschüssel geben. Mehl, Kakao, Vanillin-Zucker, Ei und Butter oder Margarine hinzufügen. Die Zutaten mit einem Mixer (Rührstäbe) zunächst kurz auf niedrigster, dann auf höchster Stufe gut durcharbeiten.

2. Anschließend auf einer bemehlten Arbeitsfläche kurz zu einem Teig verkneten. Sollte er kleben, ihn in Frischhaltefolie gewickelt eine Zeit lang in den Kühlschrank legen.

3. Den Backofen vorheizen.
Ober-/Unterhitze: etwa 200 °C
Heißluft: etwa 180 °C

4. Zwei Drittel des Teiges auf dem Boden einer Springform (Ø 26 cm, gefettet) ausrollen. Den Teigboden mehrmals mit einer Gabel einstechen. Einen Springformrand um den Boden legen. Restlichen Teig zu einer Rolle formen, auf den Teigboden legen und so an die Form drücken, dass ein etwa 2 cm hoher Rand entsteht. Die Form auf dem Rost in den vorgeheizten Backofen schieben. Den Knetteigboden **10–15 Minuten backen.**

5. Die Form auf einen Kuchenrost stellen. Den Springformrand lösen. Den Knetteigboden vom Springformboden lösen, aber darauf erkalten lassen. Den Springformrand wieder darumlegen.

6. Für den Belag (1. Schicht) Kuvertüre in kleine Stücke hacken. Crème fraîche in einem kleinen Topf erhitzen. Den Topf von der Kochstelle nehmen. Kuvertüre hinzugeben und unter Rühren schmelzen. Beerenfrüchte klein schneiden, mit dem Zitronensaft unter die Kuvertüre rühren. Die Masse auf den gebackenen Knetteigboden geben und glatt streichen. Die Form etwa 2 Stunden in den Kühlschrank stellen.

7. Für die 2. Schicht Crème fraîche und Sahne erhitzen. Kuvertüre klein hacken, hinzugeben und unter Rühren schmelzen lassen. Die Vollmilch-Kuvertüre-Masse auf die 1. Schicht (weiße Kuvertüre) geben und glatt streichen. Vollkornkekse darauflegen. Kekse mit dem Orangensaft bestreichen. Die Form wieder etwa 1 Stunde in den Kühlschrank stellen.

8. Für die 3. Schicht Zartbitter-Kuvertüre in kleine Stücke hacken. Sahne in einem Topf zum Kochen bringen. Den Topf von der Kochstelle nehmen. Kuvertüre darin unter Rühren schmelzen. Nach Belieben Rum oder Likör unterrühren. Die Zartbitter-Kuvertüre-Masse auf die Vollkornkekse geben und glatt streichen. Die Form wieder etwa 2 Stunden in den Kühlschrank stellen. Die Kuvertüre fest werden lassen.

9. Die Torte aus der Form lösen und auf eine Tortenplatte setzen. Die Tortenoberfläche dick mit Kakao bestäuben. Die Torte in sehr kleine Stücke schneiden.

Tipps: Gut verpackt hält sich die Torte mindestens 3–4 Tage im Kühlschrank. Einen starken Kaffee, z. B. Espresso zu der Torte reichen.

10 SCHOKOLADEN-BUTTERCREME-TORTE 14–16 STÜCKE

KLASSISCH

PRO STÜCK: E: 5 g, F: 23 g, Kh: 28 g, kJ: 1417, kcal: 339, BE: 2,5
ZUBEREITUNGSZEIT: 60 Minuten, ohne Abkühlzeit
BACKZEIT: 25–30 Minuten

FÜR DEN BISKUITTEIG:

4 Eier (Größe M)
3 EL heißes Wasser
150 g Zucker
1 Pck. Dr. Oetker Vanillin-Zucker
100 g Weizenmehl
25 g Speisestärke
2 gestr. TL Dr. Oetker Backin

FÜR DIE BUTTERCREME:

1 Pck. Gala Schokoladen-Pudding-Pulver
75 g Zucker
500 ml Milch (3,5 % Fett)
100 g Edelbitter-Schokolade (etwa 72 % Kakaoanteil)
300 g Butter (zimmerwarm)

ZUM GARNIEREN:

geraspelte Edelbitter-Schokolade (etwa 72 % Kakao-anteil) oder Schokoladenlocken

1. Den Backofen vorheizen.
Ober/Unterhitze: etwa 180 °C
Heißluft: etwa 160 °C

2. Für den Teig Eier und Wasser mit einem Mixer (Rühr-stäbe) auf höchster Stufe in 1 Minute schaumig schlagen. Zucker mit Vanillin-Zucker mischen, in 1 Minute einstreu-en, dann noch etwa 2 Minuten schlagen.

3. Mehl mit Speisestärke und Backpulver mischen, auf die Eiercreme geben und kurz auf niedrigster Stufe un-terrühren. Den Teig in eine Springform (Ø 26 cm, Boden gefettet, mit Backpapier belegt) füllen und glatt streichen. Die Form auf dem Rost in den vorgeheizten Backofen schieben. Den Biskuitboden **25–30 Minuten backen.**

4. Den Biskuitboden aus der Form lösen, auf einen mit Backpapier belegten Kuchenrost stürzen und erkalten lassen. Mitgebackenes Backpapier abziehen. Biskuitboden zweimal waagerecht durchschneiden.

5. Für die Buttercreme aus Pudding-Pulver, Zucker und Milch einen Pudding nach Packungsanleitung zubereiten. Schokolade in Stücke brechen und in dem heißen Pud-ding unter Rühren schmelzen. Frischhaltefolie direkt auf die Puddingoberfläche legen. Den Pudding erkalten lassen (nicht kalt stellen).

6. Butter mit dem Mixer (Rührstäbe) geschmeidig rühren. Den erkalteten Pudding esslöffelweise unterrühren. Dabei darauf achten, dass Butter und Pudding Zimmertemperatur haben, da die Creme sonst gerinnt.

7. Den unteren Biskuitboden auf eine Tortenplatte legen, mit einem Viertel der Buttercreme bestreichen. Den mittleren Boden darauflegen und mit knapp der Hälfte der restlichen Buttercreme bestreichen. Mit dem oberen Boden belegen. Tortenoberfläche und -rand mit einem Teil der restlichen Creme bestreichen.

8. Restliche Buttercreme in einen Spritzbeutel mit Sternbandtülle, gezackt füllen. Tortenoberflächenrand und Tortenrand damit verzieren. Tortenoberflächenrand zusätzlich mit der geraspelten Schokolade oder den Schokoladenlocken garnieren.

9. Die Torte etwa 60 Minuten in den Kühlschrank stellen.

Tipp: Bestreichen Sie den unteren Biskuitboden mit 2–3 Esslöffeln Himbeerkonfitüre, bevor Sie die Buttercreme daraufstreichen.

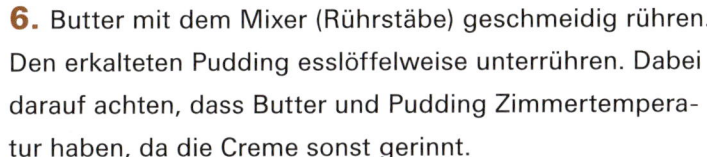

12 SCHOKOLADEN-BUTTERMILCH-TORTE 12 STÜCKE

PRO STÜCK: E: 7 g, F: 31 g, Kh: 45 g, kJ: 2032, kcal: 486, BE: 3,5
ZUBEREITUNGSZEIT: 60 Minuten, ohne Kühlzeit
BACKZEIT: etwa 45 Minuten

FÜR DEN SCHÜTTELTEIG:

150 g Butter oder Margarine
200 g Weizenmehl
2 gestr. TL Dr. Oetker Backin
30 g gesiebtes Kakaopulver
170 g Zucker
1 Pck. Dr. Oetker Vanillin-Zucker
4 Eier (Größe M)
125 g Buttermilch

FÜR DIE FÜLLUNG:

100 g Butter
200 g Zartbitter-Kuvertüre
200 g Schlagsahne (mind. 30 % Fett)
70 g Puderzucker

ZUM BESTÄUBEN UND GARNIEREN:

Zuckerperlen
Kakaopulver

---

1. Den Backofen vorheizen.
Ober-/Unterhitze: etwa 180 °C
Heißluft: etwa 160 °C

2. Für den Teig Butter oder Margarine zerlassen und abkühlen lassen. Mehl mit Backpulver und Kakao mischen, in eine verschließbare Schüssel (etwa 3-Liter-Inhalt) geben. Mit Zucker und Vanillin-Zucker mischen. Eier, zerlassene Butter oder Margarine und Buttermilch hinzufügen. Die Schüssel mit dem Deckel fest verschließen.

3. Die Schüssel mehrmals (insgesamt 15–30 Sekunden) kräftig schütteln, sodass alle Zutaten gut vermischt sind. Den Teig mit einem Schneebesen oder Rührlöffel nochmals sorgfältig durchrühren, damit trockene Zutaten vom Rand mit untergerührt werden. Den Teig in eine Springform (Ø 22 cm, Boden gefettet) füllen und glatt streichen. Die Form auf dem Rost in den vorgeheizten Backofen schieben. Den Gebäckboden **etwa 45 Minuten backen.**

4. Die Form auf einen Kuchenrost stellen. Den Gebäckboden etwa 5 Minuten in der Form stehen lassen, dann aus der Form lösen und auf einem mit Backpapier belegten Kuchenrost erkalten lassen. Den Gebäckboden zweimal waagerecht durchschneiden.

5. Für die Füllung Butter und Kuvertüre in kleine Stücke schneiden bzw. hacken, mit Sahne und Puderzucker in einem Topf bei schwacher Hitze unter gelegentlichem Rühren schmelzen, bis eine geschmeidige Masse entstanden ist. Die Schokomasse abkühlen lassen, dann mit einem Kochlöffel so lange rühren, bis sie streichfähig ist.

6. Die Schokocreme halbieren. Eine Hälfte der Creme auf zwei der Gebäckböden streichen. Die Böden zusammensetzen, den dritten Boden darauflegen und etwas andrücken. Von der restlichen Creme 2 Esslöffel zum Verzieren in einen Spritzbeutel mit kleiner Sterntülle füllen. Tortenoberfläche und -rand mit der restlichen Schokocreme bestreichen. Torte kurz in den Kühlschrank stellen.

7. Die Torte auf eine Tortenplatte setzen. Den oberen und unteren Rand mit Cremetupfen verzieren. Die Torte etwa 60 Minuten in den Kühlschrank stellen.

8. Zum Bestäuben und Garnieren die Torte mit Kakao bestäuben und mit Zuckerperlen garnieren.

14 PREISELBEER-SCHOKOLADEN-TORTE

14–16 STÜCKE

PRO STÜCK: E: 5 g, F: 25 g, Kh: 38 g, kJ: 1697, kcal: 406, BE: 3,0
ZUBEREITUNGSZEIT: 45 Minuten, ohne Kühlzeit
BACKZEIT: etwa 25 Minuten

BELIEBT – FRUCHTIG

FÜR DEN BISKUITTEIG:

4 Eier (Größe M)
3 EL heißes Wasser
100 g Zucker
1 Pck. Dr. Oetker Vanillin-Zucker
100 g Weizenmehl
25 g Speisestärke
10 g gesiebtes Kakaopulver
gut 1 Msp. gem. Zimt
½ gestr. TL Dr. Oetker Backin

FÜR DIE FÜLLUNG:

100 g Vollmilch-Kuvertüre
100 g Zartbitter-Kuvertüre
395 g Wild-Preiselbeeren (aus dem Glas)
2 EL Zitronensaft
800 g Schlagsahne (mind. 30 % Fett)
3 Pck. Sahnesteif

ZUM GARNIEREN:

100 g Zartbitter-Schokolade

1. Den Backofen vorheizen.
Ober-/Unterhitze: etwa 180 °C
Heißluft: etwa 160 °C

2. Für den Teig Eier und Wasser mit einem Mixer (Rührstäbe) auf höchster Stufe in 1 Minute schaumig schlagen. Zucker mit Vanillin-Zucker mischen, in 1 Minute einstreuen, dann noch etwa 2 Minuten schlagen.

3. Mehl mit Speisestärke, Kakao, Zimt und Backpulver mischen, auf die Eiercreme geben und kurz auf niedrigster Stufe unterrühren. Den Teig in eine Springform (Ø 26 cm, Boden gefettet, mit Backpapier belegt) geben und glatt streichen. Die Form auf dem Rost in den vorgeheizten Backofen schieben. Den Biskuitboden **etwa 25 Minuten backen.**

4. Den Boden aus der Form lösen, auf einen mit Backpapier belegten Kuchenrost stürzen und erkalten lassen. Mitgebackenes Backpapier abziehen. Biskuitboden einmal waagerecht durchschneiden.

5. Für die Füllung Vollmilch- und Zartbitter-Kuvertüre grob hacken, in einem kleinen Topf im Wasserbad bei schwacher Hitze unter Rühren schmelzen, abkühlen lassen. Preiselbeeren mit Zitronensaft verrühren. Den unteren Biskuitboden auf eine Tortenplatte legen. Die Preiselbeermasse darauf verteilen, dabei einen etwa 1 cm breiten Rand frei lassen. Sahne mit Sahnesteif evtl. in 2 Portionen steif schlagen. Zunächst 2 Esslöffel von der Sahne mit der abgekühlten Kuvertüre verrühren, dann die Kuvertüre-Sahne-Mischung nach und nach unter die restliche Sahne rühren.

6. Die Hälfte der Schokoladensahne auf die Preiselbeermasse streichen. Den oberen Biskuitboden darauflegen. Tortenoberfläche und -rand mit der restlichen Schokoladensahne bestreichen. Die Torte 2–3 Stunden in den Kühlschrank stellen.

7. Zum Garnieren Schokolade in Stücke brechen, in einem kleinen Topf im Wasserbad bei schwacher Hitze unter Rühren schmelzen. Schokolade dünn auf eine Platte streichen und fest werden lassen (nicht kalt stellen). Mit einem breiten Spachtel Schokolocken abschaben und diese mithilfe von Gabeln auf die Torte legen.

16 ALTBIER-SCHOKO-TORTE 16 STÜCKE

PRO STÜCK: E: 9 g, F: 31 g, Kh: 70 g, kJ: 2542, kcal: 608, BE: 6,0
ZUBEREITUNGSZEIT: 25 Minuten, ohne Kühlzeit
BACKZEIT: etwa 45 Minuten

RAFFINIERT – MIT ALKOHOL

ZUM VORBEREITEN:

375 ml Altbier
225 g Butter
450 g Zucker
2 Pck. Dr. Oetker Vanillin-Zucker
75 g gesiebtes Kakaopulver

FÜR DEN TEIG:

3 Eier (Größe M)
150 g saure Sahne
300 g Weizenmehl
3 gestr. TL Natron

FÜR DIE SCHAUMHAUBE:

300 g Doppelrahm-Frischkäse
125 g Puderzucker
125 g Schlagsahne (mind. 30 % Fett)

1. Zum Vorbereiten Altbier in einem Topf erwärmen. Butter darin zerlassen. Den Topf von der Kochstelle nehmen. Zucker mit Vanillin-Zucker und Kakao mischen. Mit einem Schneebesen gründlich unter die Bier-Butter-Mischung rühren, abkühlen lassen.

2. Den Backofen vorheizen.
Ober-/Unterhitze: etwa 180 °C
Heißluft: etwa 160 °C

3. Für den Teig Eier und saure Sahne in einer großen Rührschüssel mit einem Mixer (Rührstäbe) kurz verrühren. Die Bier-Butter-Mischung unterrühren. Mehl mit Natron mischen und in 2 Portionen auf mittlerer Stufe unterrühren.

4. Den dickflüssigen Teig in eine Springform (Ø 26 cm, Boden mit Backpapier belegt) füllen. Die Form auf dem Rost in den vorgeheizten Backofen schieben. Die Torte **etwa 45 Minuten backen.**

5. Die Form auf einen Kuchenrost stellen. Die Torte etwa 10 Minuten in der Form stehen lassen. Dann aus der Form lösen und mit dem Backpapier auf einem Kuchenrost erkalten lassen. Anschließend mitgebackenes Backpapier abziehen.

6. Für die Schaumhaube Frischkäse mit Puderzucker und Sahne in einer hohen Rührschüssel mit dem Mixer (Rührstäbe) zunächst kurz auf niedrigster, dann auf höchster Stufe zu einer streichfähigen Creme aufschlagen. Die Creme in Wellen als Schaumhaube auf die Tortenoberfläche streichen. Die Torte bis zum Servieren in den Kühlschrank stellen.

18 PRALINENTORTE 12 STÜCKE

PRO STÜCK: E: 8 g, F: 50 g, Kh: 51 g, kJ: 2878, kcal: 688, BE: 4,0
ZUBEREITUNGSZEIT: 50 Minuten, ohne Kühlzeit
BACKZEIT: 30–35 Minuten

FÜR GÄSTE

ZUM VORBEREITEN FÜR DIE FÜLLUNG:

300 g Zartbitter-Kuvertüre
500 g Schlagsahne (mind. 30 % Fett)
100 g Nuss-Nougat
1 Pck. Dr. Oetker Finesse Orangenschalen-Aroma

FÜR DEN ALL-IN-TEIG:

150 g Zartbitter-Kuvertüre
100 g Weizenmehl
25 g Speisestärke
3 gestr. TL Dr. Oetker Backin
125 g Zucker
1 Pck. Dr. Oetker Vanillin-Zucker
3 Eier (Größe M)
100 g Butter oder Margarine (zimmerwarm)

ZUM BESTREICHEN UND GARNIEREN:

400 g Schlagsahne (mind. 30 % Fett)
2 Pck. Sahnesteif
etwas Kakaopulver
einige Mini-Pralinen (Meeresfrüchte-Pralinen)

---

1. Zum Vorbereiten Kuvertüre in Stücke hacken. Sahne zum Kochen bringen, von der Kochstelle nehmen. Nougat und Kuvertüre darin unter Rühren schmelzen. Aroma hinzufügen. Schokosahne in eine Rührschüssel geben, mit Frischhaltefolie zudecken, erkalten lassen. Schokosahne einige Stunden oder über Nacht in den Kühlschrank stellen.

2. Für den Teig Kuvertüre grob hacken, in einem kleinen Topf im Wasserbad bei schwacher Hitze unter Rühren schmelzen, etwas abkühlen lassen.

3. Den Backofen vorheizen.
Ober-/Unterhitze: etwa 180 °C
Heißluft: etwa 160 °C

4. Mehl mit Speisestärke und Backpulver in einer Rührschüssel mischen. Zucker, Vanillin-Zucker, Eier und Butter oder Margarine hinzufügen. Die Zutaten mit einem Mixer (Rührstäbe) in etwa 2 Minuten auf höchster Stufe zu einem Teig verarbeiten. Zuletzt die geschmolzene Kuvertüre unterrühren. Den Teig in eine Springform (Ø 24 cm, gefettet, mit Backpapier belegt) geben und glatt streichen. Die Form auf dem Rost in den vorgeheizten Backofen schieben. Den Gebäckboden **30–35 Minuten backen.**

5. Den Boden aus der Form lösen, auf einen mit Backpapier belegten Kuchenrost stürzen und erkalten lassen. Mitgebackenes Backpapier abziehen. Gebäckboden einmal waagerecht durchschneiden.

6. Für die Füllung die kalt gestellte Schokosahne mit einem Mixer (Rührstäbe) cremig aufschlagen. Den unteren Gebäckboden auf eine Tortenplatte legen und mit der Schokocreme bestreichen. Den oberen Gebäckboden darauflegen und etwas andrücken. Die Torte etwa 2 Stunden in den Kühlschrank stellen.

7. Zum Bestreichen und Garnieren Sahne mit Sahnesteif steif schlagen. Tortenrand und -oberfläche damit bestreichen. Die Oberfläche der Sahne mit einem Löffelrücken wellenartig verstreichen. Den Tortenrand mit einem Tortenkamm verzieren. Die Torte nochmals etwa 30 Minuten in den Kühlschrank stellen. Die Tortenoberfläche vor dem Servieren mit Kakao bestäuben und mit Pralinen garnieren.

PRO STÜCK: E: 7 g, F: 26 g, Kh: 39 g, kJ: 1762, kcal: 421, BE: 3,5
ZUBEREITUNGSZEIT: 50 Minuten, ohne Kühlzeit
BACKZEIT: etwa 25 Minuten

MIT ALKOHOL

FÜR DEN ALL-IN-TEIG:

50 g Weizenmehl

1 Msp. Dr. Oetker Backin

40 g Zucker

1 Ei (Größe M)

50 g Butter oder Margarine (zimmerwarm)

25 g Zartbitter-Raspelschokolade

FÜR DEN KNETTEIG:

125 g Weizenmehl

½ gestr. TL Dr. Oetker Backin

50 g Zucker

1 Pck. Dr. Oetker Vanillin-Zucker

1 Ei (Größe M)

50 g Butter

150 g Bitterorangen-Marmelade

FÜR DIE FÜLLUNG:

300 g Edelbitter-Schokolade (etwa 60 % Kakaoanteil)

5 Blatt weiße Gelatine

100 ml Milch (3,5 % Fett)

1 EL Zucker

3 Eigelb (Größe M)

400 g Schlagsahne (mind. 30 % Fett)

3–4 EL Cognac oder Grand Marnier (Orangenlikör)

FÜR DIE RANDVERZIERUNG:

3 Eiweiß (Größe M)

100 g Zucker

1 Pck. Dr. Oetker Finesse Orangenschalen-Aroma

1. Den Backofen vorheizen.
Ober-/Unterhitze: etwa 180 °C
Heißluft: etwa 160 °C

2. Für den All-in-Teig Mehl mit Backpulver in einer Rührschüssel mischen. Restliche Zutaten hinzufügen und mit einem Mixer (Rührstäbe) zunächst kurz auf niedrigster, dann auf höchster Stufe in etwa 2 Minuten zu einem glatten Teig verarbeiten.

3. Den Teig in eine Springform (Ø 26 cm, Boden gefettet) geben, glatt streichen und mit Raspelschokolade bestreuen. Die Form auf dem Rost in den vorgeheizten Backofen schieben. Den Gebäckboden **etwa 10 Minuten backen.**

4. Den Boden aus der Form lösen und auf einem mit Backpapier belegten Kuchenrost erkalten lassen.

5. Für den Knetteig Mehl mit Backpulver in einer Rührschüssel mischen. Restliche Zutaten hinzufügen und mit dem Mixer (Knethaken) zunächst kurz auf niedrigster, dann auf höchster Stufe gut durcharbeiten. Anschließend auf einer leicht bemehlten Arbeitsfläche kurz zu einem Teig verkneten. Sollte er kleben, ihn in Frischhaltefolie gewickelt eine Zeit lang in den Kühlschrank stellen.

6. Den Teig auf dem Boden einer Springform (Ø 26 cm, gefettet) ausrollen und mehrmals mit einer Gabel einstechen. Den Springformrand darumstellen.

7. Die Form auf dem Rost in den vorgeheizten Backofen schieben. Den Knetteigboden **bei gleicher Backofentemperatur 12–15 Minuten backen.**

8. Den Knetteigboden vom Springformboden lösen, aber darauf etwas abkühlen lassen. Dann vorsichtig auf eine Tortenplatte gleiten lassen, noch warm mit Marmelade bestreichen. Boden erkalten lassen. Tortenring darumlegen.

9. Für die Füllung Schokolade in Stücke brechen, in einem kleinen Topf im Wasserbad bei schwacher Hitze unter Rühren schmelzen, etwas abkühlen lassen. Gelatine nach Packungsanleitung einweichen. Milch mit Zucker und Eigelb in eine Schüssel geben und im heißen Wasserbad mit dem Mixer (Rührstäbe) zu einer dicklichen Masse schlagen (etwa 5 Minuten).

10. Gelatine leicht ausdrücken und unter Rühren in der Eigelbcreme auflösen. Die Schüssel aus dem Wasserbad nehmen. 2 Esslöffel von der flüssigen Schokolade zum Verzieren beiseitestellen. Restliche Schokolade in 2 Portionen kurz unter die Eigelbcreme rühren. Die Schokoladenmasse unter gelegentlichem Rühren abkühlen lassen.

11. Sahne steif schlagen und in 2 Portionen vorsichtig unter die Schokoladencreme heben. Dann Cognac oder Likör unterrühren. Knapp die Hälfte der Creme auf den mit Marmelade bestrichenen Boden geben und glatt streichen. Dann den All-in-Teig-Boden darauflegen. Restliche Schokoladencreme daraufgeben und glatt streichen. Die Torte etwa 2 Stunden in den Kühlschrank stellen.

12. Für die Verzierung Tortenring lösen und entfernen. Eiweiß mit Zucker steif schlagen. Aroma unterrühren. Baisermasse portionsweise in einen Spritzbeutel mit kleiner Sterntülle füllen. Den Rand damit verzieren. Baiser mit einem Flämmgerät goldgelb abflämmen. Beiseitegestellte Schokolade wieder leicht erwärmen. Tortenoberfläche damit besprenkeln. Schokolade fest werden lassen.

Tipps: Statt mit Baiser den Tortenrand mit steif geschlagener Sahne verzieren. Cognac oder Grand Marnier können durch 3-4 Esslöffel starken Espresso ersetzt werden.

FLORENTINER TORTE 16 STÜCKE

PRO STÜCK: E: 8 g, F: 34 g, Kh: 35 g, kJ: 1997, kcal: 478, BE: 3,0
ZUBEREITUNGSZEIT: 90 Minuten, ohne Kühlzeit
BACKZEIT: etwa 40 Minuten

FÜR DIE FÜLLUNG:

500 g Schlagsahne (mind. 30 % Fett)
50 g Butter
400 g Zartbitter-Kuvertüre
3 EL Mandellikör

FÜR DIE FLORENTINERMASSE:

25 g Butter
50 g Zucker
20 g flüssiger Honig
75 g Schlagsahne (mind. 30 % Fett)
100 g gehobelte Mandeln
4 rote Belegkirschen
20 g Orangeat
1 Msp. Dr. Oetker Finesse Geriebene Zitronenschale

FÜR DEN BISKUITTEIG:

100 g gem. Haselnusskerne
4 Eier (Größe M)
100 g Zucker
1 Pck. Dr. Oetker Vanillin-Zucker
100 g Weizenmehl
40 g Speisestärke
15 g gesiebtes Kakaopulver
1 gestr. TL Dr. Oetker Backin

ZUM BESTREICHEN:

50 g Zartbitter-Schokolade oder -Kuvertüre

1. Für die Füllung Sahne in einem Topf bei schwacher Hitze erwärmen, Butter darin schmelzen. Kuvertüre grob hacken, hinzugeben, bei schwacher Hitze so lange mit ei-

nem Schneebesen verrühren, bis die Kuvertüre geschmolzen ist. Kuvertüre-Sahne-Masse in eine Rührschüssel geben, erkalten lassen. Likör unterrühren, zugedeckt mindestens 4 Stunden (am besten über Nacht) in den Kühlschrank stellen.

2. Den Backofen vorheizen.
Ober-/Unterhitze: etwa 180 °C
Heißluft: etwa 160 °C

3. Für die Florentinermasse Butter mit Zucker und Honig in einem Topf so lange unter Rühren erhitzen, bis die Masse leicht gebräunt ist. Sahne hinzugießen, so lange rühren, bis der Zucker wieder gelöst ist. Mandeln, in Stücke geschnittene Belegkirschen, Orangeat und Zitronenschale hinzugeben, unter Rühren kurz aufkochen lassen, bis die Masse gebunden ist. 3 Esslöffel von der Florentinermasse für den Teig beiseitelegen. Restliche Florentinermasse in einer Springform (Ø 20 cm, mit Backpapier belegt) verteilen und gleichmäßig dünn verstreichen. Die Form auf dem Rost in den vorgeheizten Backofen schieben. Die Florentinermasse **8–10 Minuten goldgelb backen.**

4. Die Form auf einen Kuchenrost stellen. Den Florentinerboden in der Form erkalten lassen.

5. Für den Teig Haselnusskerne in einer Pfanne unter Rühren leicht bräunen, herausnehmen und erkalten lassen. Eier mit einem Mixer (Rührstäbe) auf höchster Stufe in 1 Minute schaumig schlagen. Zucker und Vanillin-Zucker mischen, in 1 Minute einstreuen, dann noch etwa 2 Minuten schlagen. Mehl mit Speisestärke, Kakao und Backpulver mischen, auf die Eiercreme geben, kurz auf niedrigster Stufe unterrühren. Nusskerne und beiseite-gelegte Florentinermasse kurz unterarbeiten. Den Teig in eine Springform (Ø 26 cm, Boden gefettet, mit Backpapier belegt) geben, glatt streichen. Die Form auf dem Rost in den vorgeheizten Backofen schieben. Den Biskuitboden **bei gleicher Backofentemperatur etwa 30 Minuten backen.**

6. Den Boden aus der Form lösen, auf einen mit Backpapier belegten Kuchenrost stürzen, erkalten lassen. Mitgebackenes Backpapier entfernen. Boden zweimal waagerecht durchschneiden, unteren Boden auf eine Tortenplatte legen.

7. Für die Füllung kalt gestellte Kuvertüre-Sahne-Masse mit dem Mixer (Rührstäbe) cremig schlagen. Ein Drittel davon auf den unteren Boden streichen. Den zweiten Boden darauflegen. Die Hälfte der restlichen Kuvertüre-Sahne-Creme darauf verteilen, mit dem letzten Boden belegen. 2 Esslöffel von der restlichen Creme in einen Spritzbeutel mit kleiner Sterntülle füllen. Tortenoberfläche und -rand mit der restlichen Kuvertüre-Sahne-Creme bestreichen.

8. Den Florentinerboden aus der Form lösen und auf Backpapier stürzen. Mitgebackenes Backpapier entfernen. Die Unterseite mit der im Wasserbad geschmolzenen Schokolade oder Kuvertüre bestreichen, evtl. mit einem Tortengarnierkamm Wellen aufstreichen. Kuvertüre fest werden lassen. Den Boden auf die Schokoladenseite legen und in 16 Tortenstücke schneiden.

9. Die Torte in 16 Stücke einteilen. Auf jedes Stück am Rand einen Tupfen mit der Creme aus dem Spritzbeutel spritzen. Je ein Florentinerstück an die Creme legen. Die Torte etwa 2 Stunden in den Kühlschrank stellen.

24 SCHOKOTORTE 16 STÜCKE

PRO STÜCK: E: 5 g, F: 18 g, Kh: 44 g, kJ: 1492, kcal: 356, BE: 3,5
ZUBEREITUNGSZEIT: 40 Minuten, ohne Kühlzeit
BACKZEIT: etwa 40 Minuten

DARAUF FREUEN SICH GÄSTE

ZUM VORBEREITEN:

140 g abgetropfte Ananasscheiben (aus einer kleinen Dose)

100 g Zartbitter-Schokolade (etwa 50 % Kakaoanteil)
100 ml Olivenöl

FÜR DEN TEIG:

3 Eier (Größe M)
200 g Zucker
1 Pck. Dr. Oetker Bourbon-Vanille-Zucker
1 Prise Salz
275 g Weizenmehl
25 g gesiebtes Kakaopulver
3 gestr. TL Dr. Oetker Backin
75 g saure Sahne (10 % Fett)

FÜR DEN GUSS:

200 g Zartbitter-Schokolade (etwa 50 % Kakaoanteil)

50 g Butter
125 g saure Sahne (10 % Fett)
125 g Puderzucker

1. Zum Vorbereiten Ananasscheiben in sehr kleine Stücke schneiden. Schokolade in Stücke brechen, mit 50 ml Olivenöl in einem kleinen Topf im Wasserbad bei schwacher Hitze unter Rühren schmelzen. Den Topf aus dem Wasserbad nehmen. Restliches Olivenöl gut unterrühren.

2. Den Backofen vorheizen.
Ober-/Unterhitze: etwa 180 °C
Heißluft: etwa 160 °C

3. Für den Teig Eier mit Zucker und Vanille-Zucker in einer Rührschüssel mit einem Mixer (Rührstäbe) in etwa 2 Minuten schaumig schlagen. Geschmolzene Schokoladen-Olivenöl-Masse und Salz vorsichtig unterrühren. Mehl mit Kakao und Backpulver mischen, in 2 Portionen kurz auf mittlerer Stufe unterrühren. Saure Sahne und Ananasstücke unterheben.

4. Den Teig in eine Springform (Ø 26 cm, Boden mit Backpapier belegt) geben und glatt streichen. Die Form auf dem Rost in den vorgeheizten Backofen schieben. Die Torte **etwa 40 Minuten backen.**

5. Die Form auf einen Kuchenrost stellen. Die Torte etwa 10 Minuten in der Form abkühlen lassen, dann aus der Form lösen und mit dem Backpapier auf dem Kuchenrost erkalten lassen. Anschließend mitgebackenes Backpapier abziehen.

6. Für den Guss Schokolade in Stücke brechen, in einem Topf im Wasserbad bei schwacher Hitze unter Rühren schmelzen. Den Topf von der Kochstelle nehmen. Zuerst Butter, dann saure Sahne unter die Schokolade rühren, sodass eine glatte Masse entsteht.

7. Die Schokolade evtl. in eine Rührschüssel füllen. Nach und nach Puderzucker mit dem Mixer (Rührstäbe) unterschlagen, bis eine streichfähige Masse entstanden ist.

8. Die Torte sofort vollständig mit dem Guss überziehen. Torte etwa 30 Minuten in den Kühlschrank stellen, bis der Guss schnittfest ist.

26 KIRSCHTRAUM IN SCHOKOLADE 12 STÜCKE

MIT ALKOHOL

PRO STÜCK: E: 12 g, F: 57 g, Kh: 67 g, kJ: 3512, kcal: 840, BE: 5,5
ZUBEREITUNGSZEIT: 50 Minuten, ohne Kühlzeit
BACKZEIT: etwa 45 Minuten

FÜR DEN RÜHRTEIG:

350 g abgetropfte Sauerkirschen (aus dem Glas)

100 g Edelbitter-Schokolade (etwa 70 % Kakaoanteil)

6 Kirsch-Alkohol-Pralinen

250 g Butter oder Margarine (zimmerwarm)

200 g Zucker

2 Pck. Dr. Oetker Bourbon-Vanille-Zucker

6 Eier (Größe M)

325 g Dinkelmehl (Type 630)

2 gestr. TL Dr. Oetker Backin

4 EL Sauerkirschsaft (aus dem Glas)

FÜR DIE FÜLLUNG UND GARNIERUNG:

12 Kirsch-Alkohol-Pralinen

200 g Edelbitter-Schokolade (etwa 70 % Kakaoanteil)

800 g Schlagsahne (mind. 30 % Fett)

2 Pck. Sahnesteif

40 g Puderzucker

ZUM BESTREUEN:

50 g geraspelte Edelbitter-Schokolade (etwa 70 % Kakaoanteil)

1. Für den Teig von den Sauerkirschen den Saft auffangen und 4 Esslöffel abmessen. Schokolade fein hacken. Pralinen grob hacken.

2. Den Backofen vorheizen.
Ober-/Unterhitze: etwa 180 °C
Heißluft: etwa 160 °C

3. Butter oder Margarine mit einem Mixer (Rührstäbe) auf höchster Stufe geschmeidig rühren. Nach und nach Zucker und Vanille-Zucker unterrühren. So lange rühren, bis eine gebundene Masse entstanden ist.

4. Eier nach und nach unterrühren (jedes Ei etwa ½ Minute). Mehl mit Backpulver mischen, in 2 Portionen abwechselnd mit dem Kirschsaft kurz auf mittlerer Stufe unterrühren. Schokoladenstücke und die Pralinenstücke mit der Flüssigkeit kurz unterrühren.

5. Den Teig in eine Springform (Ø 26 cm, Boden gefettet) füllen und glatt streichen. Die Sauerkirschen darauf verteilen. Die Form auf dem Rost in den vorgeheizten Backofen schieben. Den Gebäckboden **etwa 45 Minuten backen.** Nach etwa 30 Minuten Backzeit den Gebäckboden mit Backpapier belegen.

6. Die Form auf einen Kuchenrost stellen. Den Gebäckboden etwa 10 Minuten in der Form stehen lassen, dann aus der Form lösen, auf einen mit Backpapier belegten Kuchenrost legen und erkalten lassen. Den Gebäckboden zweimal waagerecht durchschneiden.

7. Für die Füllung und Garnierung den unteren Gebäckboden auf eine Tortenplatte legen. Die Kirsch-Alkohol-Pralinen darauf verteilen, dabei einen 1–2 cm Rand frei lassen. Schokolade fein hacken. Sahne mit Sahnesteif und Puderzucker evtl. in 2 Portionen steif schlagen, Schokoladenstückchen unterheben.

8. Knapp ein Drittel der Schokoladensahne auf dem unteren Boden und den Pralinen verteilen. Zweiten Boden

darauflegen. Die Hälfte der restlichen Schokoladensahne darauf glatt streichen. Mit dem oberen Boden belegen.

9. Den Tortenrand mit der restlichen Schokoladensahne bestreichen. Die Torte etwa 60 Minuten in den Kühlschrank stellen.

10. Zum Bestreuen Tortenoberfläche und -rand mit geraspelter Schokolade bestreuen.

28 BROWNIE-TORTE 8 STÜCKE

PRO STÜCK: E: 14 g, F: 66 g, Kh: 74 g, kJ: 3942, kcal: 942, BE: 6,0
ZUBEREITUNGSZEIT: 45 Minuten, ohne Kühlzeit
BACKZEIT: etwa 60 Minuten

SCHMECKT AUCH KINDERN

ZUM VORBEREITEN FÜR DIE CREME:

175 g weiße Schokolade
150 g Crème fraîche

FÜR DEN ALL-IN-TEIG:

150 g Walnusskerne
100 g Zartbitter-Schokolade
225 g Weizenmehl
20 g gesiebtes Kakaopulver
2 gestr. TL Dr. Oetker Backin
100 g Zucker
100 g brauner Zucker
1 Pck. Dr. Oetker Bourbon-Vanille-Zucker
½ gestr. TL Salz
225 ml Speiseöl, z. B. Sonnenblumenöl
3 Eier (Größe M)
2 EL Milch (3,5 % Fett)

ZUM VERZIEREN UND GARNIEREN:

100 g Zartbitter-Schokolade
6 Walnusskerne

1. Zum Vorbereiten für die Creme am Vortag Schokolade in Stücke brechen, mit Crème fraîche in einem kleinen Topf im Wasserbad bei schwacher Hitze unter Rühren schmelzen. Die Schokoladen-Crème-fraîche-Masse in eine Rührschüssel oder einen Rührbecher geben und zugedeckt über Nacht in den Kühlschrank stellen.

2. Den Backofen vorheizen.
Ober-/Unterhitze: etwa 180 °C
Heißluft: etwa 160 °C

3. Für den Teig Walnusskerne und Schokolade grob hacken. Mehl mit Kakao und Backpulver mischen, in eine Rührschüssel geben. Restliche Zutaten außer Nusskernen und Schokolade hinzufügen und mit einem Mixer (Rührstäbe) zunächst kurz auf niedrigster, dann auf höchster

Stufe in etwa 2 Minuten zu einem glatten Teig verarbeiten. Nusskerne und Schokolade unterheben.

4. Den Teig in eine Springform (Ø 20 cm, Boden gefettet) geben und glatt streichen. Die Form auf dem Rost in den vorgeheizten Backofen schieben. Den Gebäckboden **etwa 60 Minuten backen.**

5. Die Form auf einen Kuchenrost stellen. Den Gebäckboden erkalten lassen und aus der Form lösen.

6. Für die Creme die kalt gestellte Schokoladen-Crème-fraîche-Masse mit dem Mixer (Rührstäbe) auf höchster Stufe cremig aufschlagen. Den Gebäckboden damit rundherum bestreichen.

7. Zum Verzieren und Garnieren Schokolade in Stücke brechen, in einem kleinen Topf im Wasserbad bei schwacher Hitze unter Rühren schmelzen. Schokolade in ein Pergamentpapiertütchen oder einen kleinen Gefrierbeutel geben und eine kleine Ecke abschneiden. Die Torte damit verzieren. Walnusskerne in die noch feuchte Schokolade legen. Schokolade fest werden lassen.

Tipps: Der Gebäckboden lässt sich gut einige Tage vorher backen und in Alufolie verpackt lagern; er schmeckt durchgezogen besonders gut. Der Gebäckboden ist gefriergeeignet.
2–3 Tropfen Rum unter die geschmolzene Schokolade rühren, sodass die Schokolade dicklich wird. So lange weiterrühren, bis die Schokolade wieder glatt ist. So wird die Schokolade etwas dicklicher und lässt sich besonders gut spritzen.

PRO STÜCK: E: 6 g, F: 37 g, Kh: 38 g, kJ: 2132, kcal: 510, BE: 3,0
ZUBEREITUNGSZEIT: 90 Minuten, ohne Kühlzeit
BACKZEIT: etwa 20 Minuten

ZUM VORBEREITEN FÜR DIE DUNKLE CANACHE:

300 g Vollmilch-Schokolade
300 g Schlagsahne (mind. 30 % Fett)
50 g Butter (zimmerwarm)

ZUM VORBEREITEN FÜR DIE HELLE CANACHE:

150 g weiße Schokolade
150 g Schlagsahne (mind. 30 % Fett)
50 g Butter (zimmerwarm)

FÜR DEN RÜHRTEIG:

100 g Butter oder Margarine (zimmerwarm)
100 g Zucker
1 Pck. Dr. Oetker Vanillin-Zucker
2 Eier (Größe M)
75 g Weizenmehl
2 gestr. EL gesiebtes Kakaopulver
1 gestr. TL Dr. Oetker Backin
50 g Zartbitter-Raspelschokolade

ZUM GARNIEREN:

je 75 g weiße, Vollmilch- und Zartbitter-Schokolade
Kakaopulver

1. Zum Vorbereiten für die dunkle Canache am Vortag Schokolade in Stücke brechen. Sahne in einem Topf aufkochen lassen. Den Topf von der Kochstelle nehmen. Schokolade darin unter Rühren schmelzen. Butter unterrühren. Canache in eine Rührschüssel füllen und zugedeckt über Nacht in den Kühlschrank stellen. Die helle Canache ebenso zubereiten und ebenfalls zugedeckt in den Kühlschrank stellen.

2. Den Backofen vorheizen.
Ober-/Unterhitze: etwa 180 °C
Heißluft: etwa 160 °C

3. Für den Teig Butter oder Margarine mit einem Mixer (Rührstäbe) auf höchster Stufe geschmeidig rühren. Nach und nach Zucker und Vanillin-Zucker unterrühren. So lange rühren, bis eine gebundene Masse entstanden ist. Eier nach und nach unterrühren (jedes Ei etwa ½ Minute).

4. Mehl mit Kakao und Backpulver mischen, kurz auf mittlerer Stufe unterrühren. Raspelschokolade kurz unterheben. Den Teig in eine Springform (Ø 26 cm, Boden gefettet, mit Backpapier belegt) geben und glatt streichen. Die Form auf dem Rost in den vorgeheizten Backofen schieben. Den Gebäckboden **etwa 20 Minuten backen.**

5. Den Boden aus der Form lösen und auf einen Kuchenrost stürzen. Mitgebackenes Backpapier abziehen. Boden erkalten lassen und auf eine Tortenplatte legen. Einen Tortenring darumlegen.

6. Die helle Canache mit dem Mixer (Rührstäbe) cremig aufschlagen und in einen Spritzbeutel mit Lochtülle (Ø etwa 12 mm) füllen. Die Creme in 3 Kreisen im Abstand von etwa 1 ½ cm auf den Gebäckboden spritzen.

7. Die dunkle Canache ebenfalls cremig aufschlagen. Gut die Hälfte davon mithilfe eines Spritzbeutels mit Lochtülle (Ø etwa 12 mm) in die Zwischenräume spritzen. Die vorbereitete Torte einige Minuten in den Gefrierschrank stellen, damit die Ringe etwas fester werden.

8. Die restliche dunkle Canache (2 Esslöffel für den Rand beiseitestellen) vorsichtig mithilfe einer Teigkarte auf der Tortenoberfläche glatt verstreichen, sodass die hellen Rin-

ge bedeckt sind. Die Torte etwa 3 Stunden in den Kühlschrank stellen. Tortenring lösen und entfernen.

9. Zum Garnieren Schokolade in Stücke brechen, getrennt in je einem kleinen Topf im Wasserbad bei schwacher Hitze unter Rühren schmelzen. Die Schokolade getrennt nebeneinander dünn auf eine Marmorplatte streichen, evtl. mit einem Teigschaber leicht vermischen. Schokolade fest werden lassen (nicht kalt stellen).

10. Mit einem breiten Spachtel Schokolocken abschaben und mithilfe von Gabeln auf die Tortenoberfläche legen. Tortenrand mit der beiseitegestellten, dunklen Canache bestreichen. Dunkle Locken leicht an den Tortenrand drücken.

32 SCHOKOCREMETORTE 14–16 STÜCKE

PRO STÜCK: E: 8 g, F: 34 g, Kh: 44 g, kJ: 2155, kcal: 515, BE: 3,5
ZUBEREITUNGSZEIT: 40 Minuten, ohne Kühlzeit
BACKZEIT: 35–40 Minuten

ZUM NACHMITTAGSKAFFEE

ZUM VORBEREITEN:

500 g Schlagsahne (mind. 30 % Fett)
300 g Zartbitter-Schokolade
75 g Butter (zimmerwarm)

FÜR DEN BISKUITTEIG:

100 g Butter
6 Eier (Größe M)
200 g Zucker
1 Pck. Dr. Oetker Vanillin-Zucker
1 Prise Salz
150 g Weizenmehl
100 g Speisestärke
50 g gesiebtes Kakaopulver

ZUM GARNIEREN UND BESTÄUBEN:

200 g Zartbitter-Kuvertüre
1 EL Kakaopulver

1. Zum Vorbereiten Sahne in einem Topf zum Kochen bringen. Den Topf von der Kochstelle nehmen. Schokolade in Stücke brechen, hinzugeben und unter Rühren schmelzen, bis eine geschmeidige Masse entstanden ist. Schoko-Sahne-Masse in eine Rührschüssel geben und abkühlen lassen, dabei gelegentlich umrühren. Butter in die abgekühlte, aber noch nicht fest gewordene Schoko-Sahne-Masse rühren und zugedeckt mehrere Stunden oder über Nacht in den Kühlschrank stellen.

2. Den Backofen vorheizen.
Ober-/Unterhitze: etwa 180 °C
Heißluft: etwa 160 °C

3. Für den Teig Butter zerlassen und abkühlen lassen. Eier mit einem Mixer (Rührstäbe) auf höchster Stufe in 1 Minute schaumig schlagen. Zucker mit Vanillin-Zucker und Salz mischen, in 1 Minute einstreuen, dann noch etwa 2 Minuten schlagen.

4. Mehl mit Speisestärke und Kakao mischen, die Hälfte davon auf die Eiercreme geben und kurz auf niedrigster Stufe unterrühren. Restliches Mehl-Kakao-Gemisch auf die gleiche Weise unterarbeiten. Die abgekühlte Butter vorsichtig unterrühren. Den Teig in eine Springform (Ø 26 cm, Boden gefettet, mit Backpapier belegt) füllen und glatt streichen. Die Form auf dem Rost in den vorgeheizten Backofen schieben. Den Biskuitboden **35–40 Minuten backen.**

5. Den Biskuitboden aus der Form lösen und auf einen mit Backpapier belegten Kuchenrost stürzen. Biskuitboden erkalten lassen. Mitgebackenes Backpapier abziehen. Biskuitboden zweimal waagerecht durchschneiden.

6. Die kalt gestellte Schoko-Sahne-Masse mit dem Mixer (Rührstäbe) zu einer Creme aufschlagen. Den unteren Biskuitboden auf eine Tortenplatte legen, mit knapp einem Drittel der Schokoladencreme bestreichen. Den mittleren Boden darauflegen, etwas andrücken und knapp die Hälfte der restlichen Schokoladencreme daraufstreichen. Mit dem oberen Boden belegen, leicht andrücken. Tortenoberfläche und -rand mit der restlichen Schokoladencreme bestreichen. Die Torte in den Kühlschrank stellen.

7. Zum Garnieren und Bestäuben Kuvertüre in grobe Stücke hacken. Zwei Drittel davon in einem kleinen Topf im

Wasserbad bei schwacher Hitze unter Rühren schmelzen. Den Topf aus dem Wasserbad nehmen. Restliche Kuvertüre fein hacken und in die geschmolzene Kuvertüre rühren, bis sie ebenfalls geschmolzen ist.

8. Kuvertüre nochmals kurz erwärmen, auf ein rundes Stück Backpapier (Ø etwa 35 cm) geben und gleichmäßig dick verstreichen, dabei einen etwa 2 cm breiten Rand frei lassen. Kuvertüre leicht fest werden lassen, dann noch weich mit dem Backpapier nach oben auf die Torte legen. Das Backpapier am Rand in lockere Falten legen und leicht andrücken. Torte 10–15 Minuten in den Kühlschrank stellen, bis die Kuvertüre vollständig fest geworden ist, dann das Backpapier vorsichtig abziehen. Die Tortenoberfläche vor dem Servieren mit Kakao bestäuben.

Tipp: Tränken Sie die Tortenböden vor dem Zusammensetzen mit Kirschwasser.

34 WEIHNACHTSTORTE MIT SPEKULATIUS 12 STÜCKE

FRUCHTIG

PRO STÜCK: E: 8 g, F: 32 g, Kh: 36 g, kJ: 1915, kcal: 460, BE: 3,0
ZUBEREITUNGSZEIT: 40 Minuten, ohne Kühlzeit

ZUM GARNIEREN:

200 g Zartbitter-Schokolade
1 TL Speiseöl

FÜR DEN BODEN:

50 g Zartbitter-Schokolade
75 g Butter
250 g Spekulatiusgebäck (ersatzweise Buttergebäck mit Mandeln)

FÜR DEN BELAG:

6 Blatt weiße Gelatine
600 g Doppelrahm-Frischkäse
75 g Zucker
100 ml Milch (3,5 % Fett)
1 Pck. Dr. Oetker Bourbon-Vanille-Zucker

AUSSERDEM:

360 g Apfelkompott (aus dem Glas)
je gut 1 Msp. gem. Gewürznelken, Zimt und Kardamom

1. Zum Garnieren Schokolade in Stücke brechen, mit Speiseöl in einem Topf im Wasserbad bei schwacher Hitze unter Rühren schmelzen. Ein Viertel der Schokolade (etwa 50 g) etwa 2 mm dünn auf ein Stück Backpapier geben und glatt streichen. Schokolade fest werden lassen. 6–8 Sterne unterschiedlicher Größe daraus ausstechen. Die restliche flüssige Schokolade für den Belag beiseitestellen.

2. Für den Boden eine Tortenplatte mit Tortenspitze oder Backpapier belegen und einen Springformrand (Ø 26 cm) daraufstellen. Schokolade (50 g) in Stücke brechen. Butter in einem Topf zerlassen. Den Topf von der Kochstelle nehmen. Die Schokoladenstücke hinzugeben und unter Rühren schmelzen. 12–16 Spekulatius vorsichtig halbieren und einen Springformrand innen damit auslegen.

3. Restliche Spekulatius in einen Gefrierbeutel geben, Beutel verschließen. Spekulatius mit einer Teigrolle fein zerbröseln, unter die Butter-Schoko-Masse rühren. Die Keksbröselmasse in dem Springformrand verteilen, vorsichtig mithilfe eines Löffels so zu einem Boden andrücken, dass die Spekulatiuskekse einen Tortenrand bilden.

4. Für den Belag Gelatine nach Packungsanleitung einweichen. Frischkäse mit Zucker, Milch und Vanille-Zucker verrühren. Gelatine in einem kleinen Topf bei schwacher Hitze auflösen (nicht kochen). Gelatine zuerst mit etwa 3 Esslöffeln von der Frischkäsemasse verrühren, dann unter die restliche Frischkäsemasse rühren.

5. Knapp ein Drittel der Frischkäsemasse abnehmen und das Apfelkompott unterrühren. Die Frischkäse-Apfel-Masse vorsichtig auf dem vorbereiteten Keks-Schoko-Boden verstreichen. Die restliche flüssige Schokolade (von den 200 g) evtl. nochmals kurz erwärmen, unter die restliche Frischkäsemasse rühren. Gewürze ebenfalls unterrühren. Die Frischkäsemasse vorsichtig esslöffelweise auf der Apfelmus-Frischkäse-Masse verteilen, glatt streichen.

6. Die Torte etwa 3 Stunden in den Kühlschrank stellen. Anschließend den Springformrand lösen und entfernen. Die Torte mit den Schokosternen garnieren.

Tipps: Die Spekulatius für den Rand lassen sich am besten halbieren, wenn Sie die Bruchstelle vorher mit einem kleinen Sägemesser ansägen und die Kekse dann an der Stelle brechen. Rühren Sie 2 Esslöffel Rum-Rosinen unter die Apfelmus-Frischkäse-Masse.
Für eine etwas andere Garnierung können Sie bei der Zubereitung der Schokosterne nur einen Teil der vorgesehenen Schokolade (etwa 30 g) auf Backpapier ausstreichen und den Rest in einen kleinen Gefrierbeutel füllen. Schneiden Sie eine Ecke ab und spritzen Sie Sternumrisse auf Backpapier. Sternumrisse und ausgestochene Sterne fest werden lassen und die Torte damit garnieren.

WALNUSS-WHISKY-TORTE 16 STÜCKE

PRO STÜCK: E: 6 g, F: 29 g, Kh: 27 g, kJ: 1683, kcal: 402, BE: 2,5
ZUBEREITUNGSZEIT: 50 Minuten, ohne Kühlzeit
BACKZEIT: 25–30 Minuten

ZUM VORBEREITEN:
150 g Walnusskerne

FÜR DEN BISKUITTEIG:
3 Eier (Größe M)
2 EL heißes Wasser
125 g Zucker
1 Pck. Dr. Oetker Vanillin-Zucker
75 g Weizenmehl
1 Pck. Gala Schokoladen-Pudding-Pulver
1 gestr. TL Dr. Oetker Backin

ZUM BETRÄUFELN:
6 EL Whisky

FÜR DIE FÜLLUNG:
3 Blatt weiße Gelatine
4 EL Schokoladensirup
300 g Schlagsahne (mind. 30 % Fett)
20 g Puderzucker
100 g Vollmilch-Schokolade

ZUM GARNIEREN UND VERZIEREN:
150 g Zartbitter-Schokolade
500 g Schlagsahne (mind. 30 % Fett)

1. Zum Vorbereiten 16 Walnusskerne zum Garnieren beiseitelegen. Restliche Walnusskerne mahlen, in einer Pfanne ohne Fett unter Rühren leicht bräunen, herausnehmen und auf einem Teller erkalten lassen.

2. Den Backofen vorheizen.
Ober-/Unterhitze: etwa 180 °C
Heißluft: etwa 160 °C

3. Für den Teig Eier und Wasser mit einem Mixer (Rührstäbe) auf höchster Stufe in 1 Minute schaumig schlagen. Zucker und Vanillin-Zucker mischen, in 1 Minute einstreuen, dann noch etwa 2 Minuten schlagen.

4. Mehl mit Pudding-Pulver und Backpulver mischen, auf die Eiercreme geben und kurz auf niedrigster Stufe unterrühren. 50 g der gerösteten Walnusskerne unterheben. Den Teig in eine Springform (Ø 24 cm, Boden gefettet, mit Backpapier belegt) füllen und glatt streichen. Die Form auf dem Rost in den vorgeheizten Backofen schieben. Den Biskuitboden **25–30 Minuten backen.**

5. Den Biskuitboden aus der Form lösen, auf einen mit Backpapier belegten Kuchenrost stürzen. Biskuitboden erkalten lassen. Mitgebackenes Backpapier abziehen. Biskuitboden einmal waagerecht durchschneiden.

6. Zum Beträufeln den unteren Boden auf eine Tortenplatte legen und mit der Hälfte des Whiskys beträufeln.

7. Für die Füllung Gelatine nach Packungsanleitung einweichen. Gelatine leicht ausdrücken, in einem kleinen Topf bei schwacher Hitze unter Rühren auflösen. Nach und nach Schokoladensirup unterrühren. Sahne steif schlagen. Die Sirupmischung hinzugeben und mit dem Puderzucker unter die Sahne rühren.

8. Schokolade fein hacken, mit den restlichen, gerösteten Walnusskernen unter die Schokosirupsahne heben. Die Creme auf dem unteren Boden verstreichen. Den oberen Biskuitboden darauflegen und mit dem restlichen Whisky beträufeln. Die Torte etwa 1 Stunde in den Kühlschrank stellen.

9. Zum Garnieren und Verzieren Schokolade in Stücke brechen, in einem kleinen Topf im Wasserbad bei schwacher Hitze unter Rühren schmelzen. 2 Teelöffel der Schokolade zum Besprenkeln in einen kleinen Gefrierbeutel geben. Restliche Schokolade abkühlen lassen. Sahne steif schlagen. Abgekühlte, flüssige Schokolade mit 1–2 Ess-

löffeln von der Sahne verrühren, dann mithilfe eines Schneebesens kurz mit der restlichen Sahne verrühren.

10. Die Schokoladensahne portionsweise in einen Spritzbeutel mit großer Sterntülle (Ø etwa 10 mm) füllen. Tortenoberfläche und -rand mit Rosetten verzieren. Schokolade in dem Gefrierbeutel etwas durchkneten (evtl. leicht im Wasserbad erwärmen) und eine kleine Ecke abschneiden. Die Rosetten mit der Schokolade besprenkeln und mit den beiseitegelegten Walnusskernen garnieren.

Tipp: Schmecken Sie die Schokoladensahne mit 2 Esslöffeln Whisky ab.

38 SCHOKOLADEN-TARTE 16–18 STÜCKE

PRO STÜCK: E: 4 g, F: 24 g, Kh: 26 g, kJ: 1408, kcal: 337, BE: 2,0
ZUBEREITUNGSZEIT: 50 Minuten, ohne Abkühlzeit
BACKZEIT: etwa 50 Minuten

STÜCK FÜR STÜCK EIN GENUSS

FÜR DEN KNETTEIG:

200 g Weizenmehl
80 g Zucker
1 Prise Salz
1 Eigelb (Größe M)
150 g Butter (zimmerwarm)

FÜR DEN BELAG:

400 g Schlagsahne (mind. 30 % Fett)
300 g Zartbitter-Kuvertüre
1 Prise gem. Zimt
1 Pck. Dr. Oetker Bourbon-Vanille-Zucker
50 g Zucker
50 g Butter
1 Ei (Größe M)
1 Eiweiß (Größe M)

ZUM BESTÄUBEN:

1 EL Kakaopulver

1. Für den Teig Mehl in eine Rührschüssel geben. Zucker, Salz, Eigelb und Butter hinzufügen. Die Zutaten mit einem Mixer (Knethaken) zunächst kurz auf niedrigster, dann auf höchster Stufe gut durcharbeiten. Anschließend auf einer leicht bemehlten Arbeitsfläche kurz zu einem Teig verkneten. Sollte er kleben, ihn in Frischhaltefolie gewickelt eine Zeit lang in den Kühlschrank legen.

2. Den Backofen vorheizen.
Ober-/Unterhitze: etwa 180 °C
Heißluft: etwa 160 °C

3. Zwei Drittel des Teiges auf dem Boden einer Springform (Ø 26 cm, gefettet, mit Backpapier belegt) ausrollen. Einen Springformrand darumstellen. Die Form auf dem Rost in den vorgeheizten Backofen schieben. Den Knetteigboden **10–12 Minuten vorbacken.**

4. Die Form auf einen Kuchenrost stellen. Den Boden etwas abkühlen lassen.

5. Restlichen Teig zu einer langen Rolle formen, auf den vorgebackenen Boden legen und so an die Form drücken, dass ein etwa 2 cm hoher Rand entsteht.

6. Für den Belag die Sahne in einem Topf erhitzen. Die Kuvertüre in Stücke hacken, in die heiße Sahne geben, mit einem Schneebesen unterrühren und unter Rühren schmelzen. Den Topf von der Kochstelle nehmen. Zimt, Vanille-Zucker, Zucker und Butter unter die Schokoladencreme rühren.

7. Ei und Eiweiß hinzugeben und ebenfalls mit dem Schneebesen unter die Creme rühren. Die Schokoladencreme auf den vorgebackenen Boden in die Springform geben. Die Form auf dem Rost in den heißen Backofen schieben. Die Tarte **bei gleicher Backofentemperatur etwa 40 Minuten backen.**

8. Die Form auf einen Kuchenrost stellen. Die Schokoladen-Tarte erkalten lassen. Anschließend aus der Form lösen und auf eine Tortenplatte setzen. Die Schokoladen-Tarte kurz vor dem Servieren mit Kakao bestäuben.

40 KOKOS-MINZ-KUCHEN 14–16 STÜCKE

PRO STÜCK: E: 6 g, F: 35 g, Kh: 44 g, kJ: 2166, kcal: 519, BE: 3,5
ZUBEREITUNGSZEIT: 45 Minuten, ohne Kühlzeit
BACKZEIT: etwa 60 Minuten

EXOTISCH–MINZIG

FÜR DEN RÜHRTEIG:

100 g Pfefferminz-Schokolade

50 g Edelbitter-Schokolade (etwa 60 % Kakaoanteil)

175 g Butter oder Margarine (zimmerwarm)

175 g Zucker

4 Eier (Größe M)

250 g Weizenmehl

25 g Speisestärke

2 ½ gestr. TL Dr. Oetker Backin

160 ml Kokosmilch, cremig (aus der Dose)

100 g Kokosraspel

ZUM BESTREICHEN UND BESTREUEN:

100 g Zartbitter-Kuvertüre

200 g Butter (zimmerwarm)

150 g Puderzucker

25 g Kokos-Chips

1. Für den Teig die Pfefferminz-Schokolade in kleine Würfel schneiden und kalt stellen. Edelbitter-Schokolade in Stücke brechen, in einem kleinen Topf im Wasserbad bei schwacher Hitze unter Rühren schmelzen, etwas abkühlen lassen.

2. Den Backofen vorheizen.
Ober-/Unterhitze: etwa 180 °C
Heißluft: etwa 160 °C

3. Butter oder Margarine mit einem Mixer (Rührstäbe) auf höchster Stufe geschmeidig rühren. Nach und nach Zucker unterrühren. So lange rühren, bis eine gebundene Masse entstanden ist.

4. Eier nach und nach unterrühren (jedes Ei etwa ½ Minute). Mehl mit Speisestärke und Backpulver mischen, in 2 Portionen kurz auf mittlerer Stufe unterrühren. Zuletzt Kokosmilch kurz unterrühren.

5. Den Teig halbieren. Unter eine Teighälfte die Kokosraspel heben, in eine Kastenform (30 x 11 cm, gefettet, gemehlt) geben und glatt streichen. Unter die zweite Teighälfte die geschmolzene Schokolade und die kalt gestellten Pfefferminz-Schoko-Würfel rühren.

6. Den Schokoladenteig auf den hellen Teig in die Form geben, glatt streichen und mit einer Gabel spiralförmig leicht durch die untere Teigschicht ziehen. Die Form auf dem Rost in den vorgeheizten Backofen schieben. Den Kuchen **etwa 60 Minuten backen.**

7. Den Kuchen etwa 10 Minuten in der Form stehen lassen, dann aus der Form lösen und auf einem mit Backpapier belegten Kuchenrost erkalten lassen.

8. Zum Bestreichen und Bestreuen Kuvertüre grob hacken, in einem kleinen Topf im Wasserbad bei schwacher Hitze unter Rühren schmelzen, Kuvertüre abkühlen lassen. Butter mit Puderzucker schaumig schlagen, die Kuvertüre unterrühren. Die Masse kurz in den Kühlschrank stellen, bis sie streichfähig ist.

9. Den Kuchen rundherum mit der Masse bestreichen und mit Kokos-Chips bestreuen. Kuvertüre-Butter-Masse fest werden lassen.

Tipps: Rühren Sie zusätzlich 2 Esslöffel Kokoslikör unter den Kokosteig.

Der Kuchen kann auch ohne Marmorierung gebacken werden.

Der Kuchen kann nur mit Schokolade überzogen werden. Dann benötigen Sie 150 g Edelbitter-Schokolade (etwa 60 % Kakaoanteil) und 2 Teelöffel Speiseöl.

42 SCHOKOLADENKUCHEN 12 STÜCKE

PRO STÜCK: E: 7 g, F: 29 g, Kh: 39 g, kJ: 1857, kcal: 444, BE: 3,5
ZUBEREITUNGSZEIT: 40 Minuten, ohne Abkühlzeit
BACKZEIT: 35–40 Minuten

FÜR DEN TEIG:

200 g Edelbitter-Schokolade (etwa 70 % Kakaoanteil)
175 g Butter
125 g Weizenmehl
1 gestr. TL Dr. Oetker Backin
¼ gestr. TL Salz
225 g Zucker
3 Eier (Größe L)
3 EL Brandy

FÜR DEN GUSS:

200 g Edelbitter-Schokolade (etwa 70 % Kakaoanteil)
30 g Schlagsahne (mind. 30 % Fett)

ZUM BESTÄUBEN:

etwas Kakaopulver

---

1. Den Boden einer Springform (Ø 20 cm) mit Backpapier belegen. Den Springformrand mit einem Streifen Backpapier auslegen und bis zum Einfüllen des Teiges mit einer Büroklammer feststecken.

2. Den Backofen vorheizen.
Ober-/Unterhitze: etwa 160 °C
Heißluft: etwa 140 °C

3. Für den Teig Schokolade in Stücke brechen, mit Butter in einem Topf im Wasserbad bei schwacher Hitze unter Rühren schmelzen, etwas abkühlen lassen.

4. Mehl mit Backpulver und Salz gut vermischen. Zucker, Eier und Brandy in einer Rührschüssel mit dem Schneebesen gut verrühren. Schokolade hinzugeben und gleichmäßig mit einem Teigschaber untermischen. Das Mehlgemisch mit dem Teigschaber vorsichtig unterheben.

5. Den Teig in die vorbereitete Form füllen. Büroklammer entfernen. Die Form auf dem Rost in den vorgeheizten Backofen (unteres Drittel) schieben. Den Kuchen **35–40 Minuten backen.**

6. Die Form auf einen Kuchenrost stellen. Den Kuchen etwa 2 Stunden in der Form abkühlen lassen. Dann den Kuchen vorsichtig aus der Form lösen und auf eine Tortenplatte legen.

7. Für den Guss Schokolade in Stücke brechen, mit der Sahne wie unter Punkt 3 beschrieben schmelzen. Die Kuchenoberfläche dick mit der Schokolade bestreichen, sodass „Nasen" herunterlaufen. Schokolade fest werden lassen.

8. Den Kuchen dick mit Kakao bestäuben und in 16 Stücke schneiden.

Tipps: Den Schokoladenkuchen nach Belieben mit einer Porzellan-Rose garnieren.
Sie können den Brandy weglassen. Geben Sie dann die doppelte Menge Backpulver in den Teig.

44 TRÜFFEL-ROLLE 16 STÜCKE

PRO STÜCK: E: 5 g, F: 20 g, Kh: 29 g, kJ: 1321, kcal: 317, BE: 2,5
ZUBEREITUNGSZEIT: 60 Minuten, ohne Kühlzeit
BACKZEIT: 10–15 Minuten

BEGEISTERT GÄSTE

FÜR DEN BISKUITTEIG:

50 g Butter

4 Eier (Größe M)

1 Eigelb (Größe M)

3 EL heißes Wasser

125 g Zucker

1 Pck. Dr. Oetker Vanillin-Zucker

100 g Weizenmehl

20 g Speisestärke

20 g gesiebtes Kakaopulver

1 Msp. Dr. Oetker Backin

1 EL Zucker zum Bestreuen

FÜR DIE FÜLLUNG:

350 g Zartbitter-Kuvertüre

250 g Schlagsahne (mind. 30 % Fett)

ZUM BETRÄUFELN:

2 gestr. EL Zucker

150 ml Orangensaft

1 TL Dr. Oetker Finesse Orangenschalen-Aroma

50 g Butter (zimmerwarm)

ZUM BESTÄUBEN:

Kakaopulver

1 Den Backofen vorheizen.
Ober-/Unterhitze: etwa 200 °C
Heißluft: etwa 180 °C

2 Für den Teig die Butter zerlassen und abkühlen lassen. Eier, Eigelb und Wasser mit einem Mixer (Rührstäbe) auf höchster Stufe in 1 Minute schaumig schlagen. Zucker mit Vanillin-Zucker mischen, in 1 Minute einstreuen, dann noch etwa 2 Minuten schlagen.

3 Mehl mit Speisestärke, Kakao und Backpulver mischen, kurz auf niedrigster Stufe unterrühren. Zuletzt die Butter kurz unterrühren.

4 Den Teig auf ein Backblech (30 x 40 cm, mit Backpapier belegt) streichen. Das Backblech in den vorgeheizten Backofen schieben. Die Biskuitplatte **10–15 Minuten backen.**

5 Die Biskuitplatte sofort auf mit Zucker bestreutes Backpapier stürzen. Die Biskuitplatte mit dem Backpapier erkalten lassen.

6 Für die Füllung Kuvertüre in Stücke hacken. Die Sahne in einem Topf zum Kochen bringen. Den Topf von der Kochstelle nehmen. Kuvertüre in die Sahne geben und etwa 5 Minuten stehen lassen. Dann mit einem Schneebesen umrühren, bis die Kuvertüre geschmolzen ist. Die Schokoladensahne unter gelegentlichem Rühren abkühlen lassen, anschließend 1–2 Stunden in den Kühlschrank stellen (die Schokoladensahne sollte noch weich sein).

7 Zum Beträufeln Zucker, Orangensaft und Orangen-schalen-Aroma aufkochen. So lange rühren, bis sich der Zucker gelöst hat. Orangenflüssigkeit abkühlen lassen.

8 Von der Biskuitplatte das mitgebackene Backpapier vorsichtig abziehen. Die Orangenflüssigkeit mit einem Pinsel auf der Biskuitplatte verteilen.

9 Die Schokoladensahne mit einem Mixer (Rührstäbe) kurz aufschlagen, bis sie locker ist. Die Butter cremig rühren, auf die Schokoladensahne geben und kurz unter-rühren.

10 Knapp ⅔ der Creme auf die Biskuitplatte streichen und die Platte mithilfe des Backpapiers von der langen Seite her aufrollen. Die restliche Creme auf die Rolle streichen, mit einem Teelöffel ein wellenartiges Muster in die Schokocreme drücken. Die Trüffel-Rolle mindestens 1 Stunde in den Kühlschrank stellen. Die Trüffel-Rolle vor dem Servieren mit Kakao bestäuben.

46 SCHOKOLADEN-NUSS-TARTE 14–16 STÜCKE

PRO STÜCK: E: 6 g, F: 25 g, Kh: 32 g, kJ: 1607, kcal: 385, BE: 2,5
ZUBEREITUNGSZEIT: 40 Minuten, ohne Abkühlzeit
BACKZEIT: 55–60 Minuten

KERNIG

FÜR DEN KNETTEIG:

50 g Marzipan-Rohmasse
1 Eigelb (Größe M)
175 g Weizenmehl
50 g Puderzucker
1 Prise Salz
1 Pck. Dr. Oetker Vanillin-Zucker
125 g Butter

ZUM BLINDBACKEN:

500 g Hülsenfrüchte, z. B. Linsen, Erbsen

FÜR DEN BELAG:

100 g Vollmilch-Schokolade mit ganzen Nüssen
100 g Zartbitter-Schokolade mit ganzen Nüssen
100 g Butter
4 Eier (Größe M)
1 Eiweiß (Größe M)
75 g Zucker
125 g Crème double
100 g Löffelbiskuits

ZUM BESTÄUBEN:

etwa 1 EL Puderzucker

1 Den Backofen vorheizen.
Ober-/Unterhitze: etwa 180 °C
Heißluft: etwa 160 °C

2 Für den Teig Marzipan in sehr kleine Stücke schneiden, mit dem Eigelb in einer Rührschüssel mit einem Mixer (Rührstäbe) glatt rühren. Mehl mit Puderzucker mischen und zu der Marzipanmasse geben. Salz, Vanillin-Zucker und Butter in Stückchen hinzufügen. Die Zutaten mit dem Mixer (Knethaken) zunächst kurz auf niedrigster, dann auf höchster Stufe gut durcharbeiten.

3 Anschließend auf einer bemehlten Arbeitsfläche kurz zu einem Teig verkneten. Sollte er kleben, ihn in Frischhaltefolie gewickelt eine Zeit lang in den Kühlschrank stellen.

4 Den Teig auf der bemehlten Arbeitsfläche zu einer runden Platte (Ø etwa 32 cm) ausrollen und in eine Tarteform (Ø 28 cm, gefettet, gemehlt) legen. Den Teig in der Form andrücken. Den Teigboden mehrmals mit einer Gabel einstechen und mit Backpapier belegen. Die Hülsenfrüchte darauf verteilen. Die Form auf dem Rost (unteres Drittel) in den vorgeheizten Backofen schieben. Den Boden **etwa 20 Minuten vorbacken.**

5 Nach etwa 15 Minuten Backzeit die Hülsenfrüchte mit dem Backpapier entfernen. Den Boden weitere **etwa 5 Minuten vorbacken.**

6 Die Form auf einen Kuchenrost stellen. Den Boden abkühlen lassen.

7 Für den Belag Schokolade in Stücke brechen, die Nüsse darin mit einem Messer in grobe Stücke hacken. Nuss-Schokostücke mit Butter in einem Topf im Wasserbad bei schwacher Hitze unter Rühren schmelzen, etwas abkühlen lassen.

8 Eier und Eiweiß mit einem Mixer (Rührstäbe) in gut 1 Minute schaumig schlagen. Zucker in 1 Minute einstreuen, dann noch etwa 2 Minuten schlagen. Flüssige Nussschokolade und Crème double kurz unterrühren.

9 Die Löffelbiskuits in Stücke brechen oder schneiden und unter die Schokoladenmasse heben. Die Schoko-laden-Biskuit-Masse auf dem vorgebackenen Boden verteilen. Die Form auf dem Rost in den heißen Backofen (unteres Drittel) schieben. Die Tarte **bei gleicher Back-ofentemperatur in 35–40 Minuten fertig backen.**

10 Die Form auf einen Kuchenrost stellen. Die Tarte in der Form erkalten lassen. Die Tarte vor dem Servieren mit Puderzucker bestäuben.

Tipp: Statt zur Hälfte Vollmilch- und Zartbitter-Schoko-lade zu nehmen, können Sie auch nur Vollmilch- oder nur Zartbitter-Schokolade verwenden.

48 SCHOKOLADEN-DATTEL-KUCHEN 16 STÜCKE

PRO STÜCK: E: 7 g, F: 27 g, Kh: 27 g, kJ: 1576, kcal: 377, BE: 2,0
ZUBEREITUNGSZEIT: 50 Minuten, ohne Abkühlzeit
BACKZEIT: etwa 50 Minuten

ZUM VORBEREITEN:

200 g abgezogene, gem. Mandeln
80 g Speisestärke
150 g getrocknete Datteln
200 g Zartbitter-Kuvertüre
250 g Butter (zimmerwarm)

FÜR DEN TEIG:

7 Eigelb (Größe L)
150 g Zucker
30 ml starker Espresso
7 Eiweiß (Größe L)
1 Prise Salz

ZUM BESTÄUBEN:

Kakaopulver

1 Zum Vorbereiten Mandeln mit Speisestärke vermischen. Datteln entsteinen und grob hacken. Kuvertüre in Stücke hacken, mit der Butter in einer Edelstahlschüssel im Wasserbad bei schwacher Hitze unter Rühren schmelzen. Die Schüssel aus dem Wasserbad nehmen.

2 Den Backofen vorheizen.
Ober-/Unterhitze: etwa 160 °C
Heißluft: etwa 140 °C

3 Für den Teig Eigelb mit 50 g des Zuckers und Espresso in eine zweite Edelstahlschüssel geben und mit einem Mixer (Rührstäbe) im Wasserbad schaumig schlagen. Den Eigelbschaum unter die geschmolzene Schokolade rühren.

4 Eiweiß mit Salz mit dem Mixer (Rührstäbe) steif schlagen. Restlichen Zucker (100 g) hinzugeben und weitere etwa 4 Minuten schaumig schlagen. Die Hälfte des Eischnees mit den vorbereiteten Datteln und der Mandelmischung unter die Schokoladenbutter rühren. Restlichen Eischnee vorsichtig unter die Masse heben.

5 Die Masse in eine Springform (Ø 28 cm, mit Backpapier belegt) geben und glatt streichen. Die Form auf dem Rost in den vorgeheizten Backofen schieben. Den Kuchen **etwa 50 Minuten backen.**

6 Die Form auf einen Kuchenrost stellen. Den Kuchen in der Form erkalten lassen. Den Kuchen aus der Form lösen und auf eine Tortenplatte setzen. Die Kuchenoberfläche mit Kakao bestäuben.

PRO PORTION: E: 4 g, F: 14 g, Kh: 30 g, kJ: 1156, kcal: 277, BE: 2,5
ZUBEREITUNGSZEIT: 40 Minuten, ohne Kühlzeit
BACKZEIT: etwa 12 Minuten

MIT ALKOHOL

FÜR DEN BISKUITTEIG:

4 Eier (Größe M)
5 EL heiße Milch
100 g Zucker
75 g Weizenmehl
1 Pck. Gala Schokoladen-Pudding-Pulver
1 gestr. TL Dr. Oetker Backin

FÜLLUNG I:

100 g schwarze Johannisbeerkonfitüre
150 g TK-Heidelbeeren
20 g Speisestärke
1 EL Wasser
1 TL Zucker
100 ml Cassis-Likör

FÜLLUNG II:

200 g Zartbitter-Kuvertüre
400 g Schlagsahne (mind. 30 % Fett)
1 TL Zucker
2 Pck. Sahnesteif

ZUM BESTREUEN:

etwa 30 g ger. oder geraspelte
Vollmilch- oder Zartbitter-Schokolade

1. Den Backofen vorheizen.
Ober-/Unterhitze: etwa 200 °C
Heißluft: etwa 180 °C

2. Für den Teig Eier und Milch mit einem Mixer (Rührstäbe) auf höchster Stufe in 1 Minute schaumig schlagen. Zucker in 1 Minute einstreuen, dann noch etwa 2 Minuten schlagen.

3. Mehl mit Pudding-Pulver und Backpulver mischen, auf die Eiercreme geben und kurz auf niedrigster Stufe unterrühren. Den Teig auf einem Backblech (30 x 40 cm, gefettet, mit Backpapier belegt) verteilen und glatt streichen. Das Backblech in den vorgeheizten Backofen schieben. Die Biskuitplatte **etwa 12 Minuten backen.**

4. Die Biskuitplatte auf mit Zucker bestreutes Backpapier stürzen. Mitgebackenes Backpapier vorsichtig abziehen. Die Biskuitplatte mit dem Backpapier von der längeren Seite her locker aufrollen und erkalten lassen.

5. Für die Füllung I Konfitüre in einem Topf erhitzen. Gefrorene Heidelbeeren hinzugeben und kurz aufkochen lassen, bis die Beeren aufgetaut sind. Den Topf von der Kochstelle nehmen. Speisestärke mit Wasser und Zucker anrühren, in die Fruchtmasse rühren und unter Rühren aufkochen lassen. Den Topf wieder von der Kochstelle nehmen. 2 Esslöffel des Cassis-Likörs unterrühren. Die Fruchtmasse erkalten lassen.

6. Für die Füllung II Kuvertüre grob hacken, in einem Topf im Wasserbad bei schwacher Hitze unter Rühren schmelzen. Kuvertüre gut abkühlen lassen. Sahne mit Zucker und

Sahnesteif steif schlagen. Die abgekühlte, noch flüssige Kuvertüre hinzugeben und unterrühren.

7. Die Biskuitrolle vorsichtig auseinanderrollen und mit dem restlichen Cassis-Likör beträufeln. Die Fruchtmasse auf der Biskuitplatte verstreichen. Zwei Drittel der Schokoladensahne darauf verteilen. Die Biskuitplatte vorsichtig aufrollen. Die Rolle kurz in den Kühlschrank stellen.

8. Die Schokoladen-Rolle-Oberfläche mit der restlichen Schokoladensahne bestreichen. Anschließend mit geriebener oder geraspelter Schokolade bestreuen. Die Schokoladen-Rolle 1–2 Stunden in den Kühlschrank stellen.

Tipp: Schöne Schokoladenraspel erhalten Sie, wenn Sie die Raspel bei Zimmertemperatur mit einem Sparschäler von der Schokolade (zimmerwarm) raspeln.

52 BIRNE-HELENE-TARTE 12 STÜCKE

PRO STÜCK: E: 6 g, F: 28 g, Kh: 43 g, kJ: 2362, kcal: 450, BE: 3,5
ZUBEREITUNGSZEIT: 45 Minuten, ohne Kühlzeit
BACKZEIT: etwa 60 Minuten

SCHMECKT AUCH KINDERN

FÜR DEN STREUSELTEIG:

225 g Weizenmehl

100 g Zucker

1 Pck. Dr. Oetker Vanillin-Zucker

½ TL gem. Zimt

2 Eigelb (Größe M)

125 g Butter oder Margarine (zimmerwarm)

FÜR DEN BELAG:

300 g Schlagsahne (mind. 30 % Fett)

1 Pck. Backfeste Puddingcreme

2 Eiweiß (Größe M)

1 Prise Salz

460 g abgetropfte Birnenhälften (aus der Dose)

FÜR DEN SCHOKOGUSS:

175 g Schlagsahne (mind. 30 % Fett)

25 g Kakaogetränkepulver (aus dem Pck.)

1 gestr. EL Kakaopulver

100 g Vollmilch-Schokolade

100 g Zartbitter-Schokolade

1. Für den Teig Mehl in eine Rührschüssel geben. Zucker, Vanillin-Zucker, Zimt, Eigelb und Butter oder Margarine hinzufügen. Die Zutaten mit einem Mixer (Rührstäbe) zunächst kurz auf niedrigster, dann auf höchster Stufe zu Streuseln verarbeiten. ⅔ der Streusel in einer Springform (Ø 26 cm, Boden gefettet) zu einem Boden andrücken.

2. Restliche Streusel verkneten und zu einer Rolle formen. Die Rolle an den Springformrand legen und zu einem 2–3 cm hohen Rand andrücken.

3. Den Backofen vorheizen.
Ober-/Unterhitze: etwa 180 °C
Heißluft: etwa 160 °C

4. Für den Belag aus Sahne und Puddingcreme eine Creme nach Packungsanleitung zubereiten. Eiweiß mit Salz steif schlagen und unter die Creme heben.

5. Die Creme auf den Streuselboden geben und glatt streichen. Die Birnenhälften mit der Wölbung nach oben auf die Creme legen. Die Form auf dem Rost in den vorgeheizten Backofen schieben. Die Tarte **etwa 60 Minuten backen.**

6. Die Form auf einen Kuchenrost stellen. Die Tarte etwa 1 Stunde in der Form erkalten lassen.

7. Für den Schokoguss Sahne mit Kakaogetränkepulver und Kakao in einem Topf verrühren und erhitzen. Den Topf von der Kochstelle nehmen. Die Schokoladen in Stücke brechen, unter Rühren in der Kakaosahne schmelzen. Den Schokoguss etwas abkühlen lassen. Den Schokoguss auf den Birnenhälften verteilen. Die Tarte mindestens 3 Stunden in den Kühlschrank stellen.

8. Beim Anschnitt soll der Guss etwas weich sein.

Tipp: Die Tarte ist mit Vanilleeis ideal als Dessert.

54 KAFFEEBOHNENKUCHEN 14–16 STÜCKE

PRO STÜCK: E: 6 g, F: 24 g, Kh: 36 g, kJ: 1635, kcal: 391 BE: 3,0
ZUBEREITUNGSZEIT: 35 Minuten, ohne Abkühlzeit
BACKZEIT: etwa 35 Minuten

ZUM VORBEREITEN FÜR DEN TEIG I:

100 g dragierte Kaffeebohnen (geröstete Kaffeebohnen mit Schokoladenhülle)

50 g Vollmilch-Schokolade

FÜR DEN RÜHRTEIG:

250 g Butter oder Margarine (zimmerwarm)

175 g brauner Zucker

1 Pck. Dr. Oetker Bourbon-Vanille-Zucker

4 Eier (Größe M)

200 g Weizenmehl

25 g Speisestärke

1 gestr. TL Dr. Oetker Backin

75 ml Milch (3,5 % Fett) oder Schlagsahne (mind. 30 % Fett)

FÜR DEN TEIG I:

2 EL gesiebtes Kakaopulver

1 Msp. gem. Zimt

FÜR DEN TEIG II:

50 g abgezogene, gem. Mandeln

1 EL Rum

FÜR GUSS UND ZUM GARNIEREN:

150 g Vollmilch-Schokolade

1 TL Speiseöl

50 g dragierte Kaffeebohnen

1–2 TL Kakaopulver

1. Zum Vorbereiten Kaffeebohnen in kleine Stücke hacken. Schokolade ebenfalls klein hacken.

2. Den Backofen vorheizen.
Ober-/Unterhitze: etwa 180 °C
Heißluft: etwa 160 °C

3. Für den Teig Butter oder Margarine mit einem Mixer (Rührstäbe) auf höchster Stufe geschmeidig rühren. Nach und nach Zucker und Vanille-Zucker unterrühren. So lange rühren, bis eine gebundene Masse entstanden ist.

4. Eier nach und nach unterrühren (jedes Ei etwa ½ Minute). Mehl mit Speisestärke und Backpulver mischen, in 2 Portionen abwechselnd mit der Milch oder Sahne auf mittlerer Stufe unterrühren.

5. Für den Teig I zwei Drittel des Teiges abnehmen, gehackte Kaffeebohnen, gehackte Schokolade, Kakao und Zimt unterrühren.

6. Für den Teig II den restlichen Teig mit Mandeln und Rum verrühren. Die beiden Teige abwechselnd esslöffelweise in eine Springform (Ø 26 cm, Boden gefettet) füllen und vorsichtig glatt streichen. Die Form auf dem Rost in den vorgeheizten Backofen schieben. Den Kuchen **etwa 35 Minuten backen.**

7. Den Kuchen aus der Form lösen und auf einem mit Backpapier belegten Kuchenrost erkalten lassen.

8. Für den Guss Schokolade in Stücke brechen, mit dem Speiseöl in einem kleinen Topf im Wasserbad bei schwa-

cher Hitze unter Rühren schmelzen. Den Kuchen mit dem Guss überziehen.

9. Zum Garnieren die Kaffeebohnen in grobe Stücke hacken und in die Mitte des Kuchens in den noch feuchten Guss streuen. Guss fest werden lassen. Die Tortenoberfläche rund um die Kaffeebohnen mit Kakao bestäuben.

Tipps: Der Kuchen kann auch in einer eckigen Springform (24 x 24 cm) gebacken werden. Dragierte Kaffeebohnen bekommen Sie in Kaffeegeschäften, in Süßwarenfachgeschäften und in Coffee-Shops.

56 PRALINENCREME-KUCHEN

PRO STÜCK: E: 4 g, F: 24 g, Kh: 13 g, kJ: 1221, kcal: 292, BE: 1,0
ZUBEREITUNGSZEIT: 45 Minuten, ohne Kühlzeit
BACKZEIT: 15–20 Minuten

FÜR GÄSTE

FÜR DIE PRALINENCREME ZUM VORBEREITEN:

150 g Edelbitter-Schokolade (etwa 60 % Kakaoanteil)
300 g Schlagsahne (mind. 30 % Fett)

FÜR DEN BISKUITTEIG:

100 g gem. Walnusskerne
2 Eier (Größe M)
70 g Zucker
1 Prise Salz
1 EL Weizenmehl
2 gestr. TL Dr. Oetker Backin

150 g Butter (zimmerwarm)
30 g Zucker
1 Pck. Dr. Oetker Bourbon-Vanille-Zucker

ZUM BESTÄUBEN:

2 EL Kakaopulver

---

1. Für die Pralinencreme zum Vorbereiten Schokolade in kleine Stücke brechen. Sahne in einem Topf erhitzen. Den Topf von der Kochstelle nehmen. Schokoladenstücke in den Topf geben und etwa 5 Minuten stehen lassen. Dann die Schokosahne mit einem Schneebesen umrühren, bis eine glänzende Masse entstanden ist. Schokosahne abkühlen lassen und anschließend mindestens 2 Stunden in den Kühlschrank stellen.

2. Für den Teig Walnusskerne in einer Pfanne ohne Fett goldbraun rösten, herausnehmen und auf einem Teller abkühlen lassen.

3. Den Backofen vorheizen.
Ober-/Unterhitze: etwa 180 °C
Heißluft: etwa 160 °C

4. Eier mit einem Mixer (Rührstäbe) auf höchster Stufe in 1 Minute schaumig schlagen. Zucker und Salz mischen, in 1 Minute einstreuen, dann noch etwa 2 Minuten schlagen. Mehl mit Backpulver mischen, auf die Eiercreme geben und kurz auf niedrigster Stufe unterrühren. Walnusskerne mit einem Schneebesen unterheben. Den Teig in eine Kastenform (11 x 25 cm, Boden gefettet, gemehlt) geben und glatt streichen. Form auf dem Rost in den vorgeheizten Backofen schieben. Den Kuchen **15–20 Minuten backen.**

5. Den Kuchen etwa 10 Minuten in der Form stehen lassen, dann den Rand mit einem Messer lösen. Den Kuchen auf einen mit Backpapier belegten Kuchenrost stürzen und wieder umdrehen. Kuchen erkalten lassen.

6. Für die Pralinencreme Butter, Zucker und Vanille-Zucker in eine Rührschüssel geben und mit einem Mixer (Rührstäbe) zu einer weißen Creme aufschlagen. Die kalt gestellte Schokosahne steif schlagen. Die Buttermasse in 2 Portionen hinzugeben und jeweils kurz unterrühren.

7. Den Kuchen rundherum mit 4 Esslöffeln der Pralinencreme bestreichen. Restliche Pralinencreme in einen Spritzbeutel mit Lochtülle (Ø 12 mm) füllen. Die Creme in Tupfen- oder Wellenform auf die Kuchenoberfläche spritzen. Den Kuchen mindestens 1 Stunde in den Kühlschrank stellen, bis die Creme fest ist. Den Kuchen kurz vor dem Servieren mit Kakao bestäuben.

58 SCHOKOLADENCREME-TORTE 16 STÜCKE

PRO STÜCK: E: 13 g, F: 41 g, Kh: 55 g, kJ: 2675, kcal: 640, BE: 4,5
ZUBEREITUNGSZEIT: 50 Minuten, ohne Kühlzeit
BACKZEIT: etwa 90 Minuten

ZUM VORBEREITEN FÜR DIE SCHOKOLADENCREME:

300 g Schlagsahne (mind. 30 % Fett)
300 g Zartbitter-Kuvertüre

FÜR DEN TEIG:

300 g Zartbitter-Kuvertüre
150 g Butter
150 g Löffelbiskuits
12 Eigelb (Größe M)
2 Pck. Dr. Oetker Bourbon-Vanille-Zucker
250 g abgezogene, gem. Mandeln
12 Eiweiß (Größe M)
200 g Zucker

ZUM BESTREICHEN:

350 g Aprikosenkonfitüre

ZUM BESTREUEN UND BESTÄUBEN:

25 g Vollmilch-Kuvertüre
20 g Puderzucker

1. Zum Vorbereiten für die Creme Sahne in einem Topf erwärmen (Sahne nicht zu heiß werden lassen). Kuvertüre in Stücke hacken. Den Topf von der Kochstelle nehmen. Kuvertüre in die Sahne geben und unter Rühren schmelzen. Schokoladensahne abkühlen lassen und zugedeckt etwa 2 Stunden in den Kühlschrank stellen.

2. Ein Backblech mit Backpapier belegen. Einen Tortenring (Ø 22 cm, 10 cm Höhe) daraufstellen. Die Backpapierecken am äußeren Rand hochziehen und die Ecken zusammendrehen. Mit einem Bindfaden festbinden.

3. Den Backofen vorheizen.
Ober-/Unterhitze: etwa 180 °C
Heißluft: etwa 160 °C

4. Für den Teig Kuvertüre in Stücke hacken, in einer großen Edelstahlschüssel im Wasserbad bei schwacher Hitze unter Rühren schmelzen. Die Butter hinzugeben und unter Rühren schmelzen lassen. Löffelbiskuits in einen Zerkleinerer geben und zu feinen Bröseln verarbeiten.

5. Eigelb unter Rühren zur Schokoladenbutter geben und mit einem Schneebesen glatt rühren. Vanille-Zucker unterrühren. Keksbrösel und Mandeln auf die Schokoladenbutter-Eigelb-Masse geben (noch nicht verrühren). Eiweiß mit einem Mixer (Rührstäbe) steif schlagen. Zucker hinzugeben und unterschlagen, bis der Eischnee stark glänzt. Eischnee portionsweise mit einem Teigschaber unter die Schokoladen-Mandel-Masse heben.

6. Die Masse in den vorbereiteten Tortenring geben und glatt streichen. Das Backblech in den vorgeheizten Backofen (unterste Schiene) schieben. Den Tortenboden **etwa 90 Minuten backen.**

7. Das Backblech auf einen Kuchenrost stellen. Den Tortenboden erkalten lassen. Tortenring lösen und entfernen.

8. Die kalt gestellte Schokoladensahne mit dem Mixer (Rührstäbe) zu einer Creme aufschlagen.

9. Den Tortenboden in 8 dünne Böden schneiden. Zum Bestreichen die Konfitüre glatt rühren. Die einzelnen Böden dünn mit je 1 Esslöffel Konfitüre und 2 Esslöffeln

Schokoladencreme bestreichen. Die bestrichenen Böden wieder zu einer Torte zusammensetzen. Restliche Schokoladencreme auf dem oberen Boden verteilen.

10. Zum Bestreuen und Bestäuben von der Kuvertüre mit einem Messer oder Sparschäler Raspel abschaben und auf die Tortenoberfläche streuen. Mit Puderzucker bestäuben.

Tipp: Den Boden am Vortag backen, dann lässt er sich einfacher in dünne Böden schneiden.

PRO STÜCK: E: 5 g, F: 24 g, Kh: 36 g, kJ: 1597, kcal: 382, BE: 3,0
ZUBEREITUNGSZEIT: 35 Minuten, ohne Abkühlzeit
BACKZEIT: etwa 60 Minuten

DEN MÖGEN KINDER

FÜR DEN RÜHRTEIG:

150 g Vollmilch- oder Zartbitter-Schokolade
4 Eiweiß (Größe M)
250 g Butter oder Margarine (zimmerwarm)
200 g Zucker
1 Pck. Dr. Oetker Vanillin-Zucker
1 Prise Salz
4 Eigelb (Größe M)
200 g Weizenmehl
30 g Speisestärke
30 g gesiebtes Kakaopulver
3 gestr. TL Dr. Oetker Backin
3–4 EL Milch (3,5 % Fett)

FÜR DEN GUSS:

150 g Vollmilch- oder Zartbitter-Schokolade
1 EL Speiseöl

1. Für den Teig Schokolade in kleine Stücke hacken. Eiweiß mit einem Mixer (Rührstäbe) so steif schlagen, dass ein Messerschnitt sichtbar bleibt.

2. Den Backofen vorheizen.
Ober-/Unterhitze: etwa 180 °C
Heißluft: etwa 160 °C

3. Butter oder Margarine mit dem Mixer (Rührstäbe) auf höchster Stufe geschmeidig rühren. Nach und nach Zucker, Vanillin-Zucker und Salz unterrühren. So lange rühren, bis eine gebundene Masse entstanden ist. Eigelb nach und nach unterrühren.

4. Mehl mit Speisestärke, Kakao und Backpulver mischen, abwechselnd mit der Milch in 2 Portionen kurz auf mittlerer Stufe unterrühren. Zuletzt Eischnee und die gehackte Schokolade unterheben. Den Teig in eine Kastenform (30 x 11 cm, gefettet, gemehlt) füllen und glatt streichen. Die Form auf dem Rost in den vorgeheizten Backofen schieben. Den Kuchen **etwa 60 Minuten backen.** Nach etwa 15 Minuten Backzeit die Kuchenoberfläche mit einem spitzen Messer der Länge nach etwa 1 cm tief einschneiden und den Kuchen fertig backen.

5. Die Form auf einen Kuchenrost stellen. Den Kuchen etwa 10 Minuten in der Form stehen lassen, dann aus der Form lösen und auf einem mit Backpapier belegten Kuchenrost erkalten lassen.

6. Für den Guss Schokolade in Stücke brechen, mit Speiseöl in einem kleinen Topf im Wasserbad bei schwacher Hitze unter Rühren schmelzen, etwas abkühlen lassen. Den Kuchen mit dem Guss überziehen, fest werden lassen.

Tipps: Der Kuchen ist ohne Guss gefriergeeignet. Verwenden Sie für den Teig und den Guss statt Vollmilch- oder Zartbitter-Schokolade Kaffee- oder Cappuccino-Sahne-Schokolade.
Noch saftiger schmeckt der Kuchen, wenn er sofort nach dem Backen aprikotiert wird. Dafür 4 Esslöffel Aprikosenkonfitüre durch ein Sieb streichen, mit 1 Esslöffel Wasser unter Rühren gut aufkochen. Den heißen Kuchen sofort damit bestreichen, erkalten lassen und mit dem Guss überziehen.
Sie können zusätzlich noch 50 g grob gehackte Nusskerne mit dem Mehl mischen und unter den Teig heben.

SCHOKOMOUSSE-KIRSCHSCHNITTEN 30 STÜCKE

PRO STÜCK: E: 4 g, F: 15 g, Kh: 29 g, kJ: 1128, kcal: 270, BE: 2,5
ZUBEREITUNGSZEIT: 60 Minuten, ohne Kühlzeit
BACKZEIT: 12–15 Minuten

FÜR EINEN BESONDEREN ANLASS

FÜR DEN BISKUITTEIG:

7 Eier (Größe M)
160 g Zucker
170 g Weizenmehl
30 g gesiebtes Kakaopulver

FÜR DIE KIRSCHFÜLLUNG:

700 g Sauerkirschen (Schattenmorellen, aus Gläsern)
100 g Zucker
½ TL gem. Zimt
1 Pck. Dr. Oetker Pudding-Pulver Vanille-Geschmack
500 ml Kirschsaft (aus den Gläsern)

FÜR DIE SCHOKOMOUSSE:

400 g Zartbitter-Kuvertüre
800 g Schlagsahne (mind. 30 % Fett)

2 EL Zartbitter-Raspelschokolade

1. Den Backofen vorheizen.
Ober-/Unterhitze: etwa 180 °C
Heißluft: etwa 160 °C

2. Für den Teig Eier in einer Rührschüssel mit einem Mixer (Rührstäbe) auf höchster Stufe in 1 Minute schaumig schlagen. Zucker in 1 Minute unter Rühren einstreuen, dann noch etwa 2 Minuten schlagen.

3. Mehl mit Kakao mischen, auf die Eiercreme geben und kurz auf niedrigster Stufe unterrühren. Den Teig auf ein Backblech (30 x 40 cm, gefettet, mit Backpapier belegt) geben und glatt streichen. Das Backblech in den vorgeheizten Backofen schieben. Die Biskuitplatte **12–15 Minuten backen.**

4. Das Backblech auf einen Kuchenrost stellen. Die Biskuitplatte erkalten lassen.

5. Für die Füllung von den Sauerkirschen den Saft auffangen und 500 ml abmessen.

6. Zucker mit Zimt und Pudding-Pulver in einem Topf mischen, dann mit dem Saft gut verrühren und bei starker Hitze unter Rühren zum Kochen bringen. Sauerkirschen unterrühren und nochmals unter Rühren kräftig aufkochen lassen. Die heiße Sauerkirschmasse auf der Biskuitplatte gleichmäßig verteilen, etwas abkühlen lassen und anschließend etwa 30 Minuten in den Kühlschrank stellen.

7. Für die Schokomousse in der Zwischenzeit Kuvertüre in Stücke hacken, in einem kleinen Topf im Wasserbad bei schwacher Hitze unter Rühren schmelzen. Die Kuvertüre sollte in dem heißen Wasserbad auf etwa 50 °C erhitzt werden.

8. Die Sahne portionsweise halb steif schlagen. Den Topf mit der heißen Kuvertüre aus dem Wasserbad nehmen. Kuvertüre mit einem Drittel der halb steif geschlagenen Sahne verrühren, bis sich die Sahne ganz mit der Schokolade verbunden hat. Dann die restliche halb steif geschlagene Sahne zügig unterheben. Die Schokomousse auf die Sauerkirschmasse geben und mit einem Löffel wellenartig verstreichen. Den Kuchen etwa 1 Stunde in den Kühlschrank stellen.

9. Den Kuchen in etwa 5 x 8 cm große Schnitten schneiden und mit Raspelschokolade bestreuen.

Tipps: Die Biskuitplatte nach dem Backen mit Kirschwasser beträufeln. Den Kuchen mit Schokoladenlocken (Foto) garnieren. Dafür etwa 100 g Zartbitter-Kuvertüre in kleine Stücke hacken, in einem kleinen Topf im Wasserbad bei schwacher Hitze unter Rühren schmelzen, auf eine Marmorplatte gießen, etwas verstreichen und fest werden lassen. Die Kuvertüre in den Kühlschrank stellen und kurz vor dem Schaben wieder herausnehmen. Einen Spachtel in einem möglichst kleinen Winkel zur Platte halten. Durch mehrmaliges, leichtes, gleichmäßiges Schaben entstehen schöne, große Kuvertürelocken.

64 LUMUMBA-SCHNITTEN 30 STÜCKE

PRO STÜCK: E: 4 g, F: 15 g, Kh: 22 g, kJ: 1044, kcal: 249, BE: 2,0
ZUBEREITUNGSZEIT: 35 Minuten, ohne Abkühl- und Kühlzeit
BACKZEIT: etwa 25 Minuten

FÜR DEN RÜHRTEIG:

200 g Butter oder Margarine (zimmerwarm)

150 g Zucker

1 Pck. Dr. Oetker Vanillin-Zucker

1 Prise Salz

4 Eier (Größe M)

300 g Weizenmehl

25 g gesiebtes Kakaopulver

4 gestr. TL Dr. Oetker Backin

300 g Schoko-Sahne-Pudding (aus dem Kühlregal)

100 g Zartbitter-Raspelschokolade

ZUM BESTREICHEN:

2 EL Rum

FÜR DEN BELAG:

8 Blatt weiße Gelatine

75 g Zucker

30 g gesiebtes Kakaopulver

400 ml Milch (3,5 % Fett)

75 ml Rum

500 g Schlagsahne (mind. 30 % Fett)

ZUM BESTREUEN:

100 g Edelbitter-Schokolade (etwa 60 % Kakaoanteil)

1. Den Backofen vorheizen.
Ober-/Unterhitze: etwa 180 °C
Heißluft: etwa 160 °C

2. Für den Teig Butter oder Margarine mit einem Mixer (Rührstäbe) auf höchster Stufe geschmeidig rühren. Nach und nach Zucker, Vanillin-Zucker und Salz unterrühren. So lange rühren, bis eine gebundene Masse entstanden ist.

3. Eier nach und nach unterrühren (jedes Ei etwa ½ Minute). Mehl mit Kakao und Backpulver mischen, in 2 Portionen kurz auf mittlerer Stufe unterrühren. Zuletzt Schoko-Sahne-Pudding und Raspelschokolade kurz unterrühren.

4. Den Teig auf einem Backblech (30 x 40 cm, gefettet, gemehlt) verteilen und glatt streichen. Das Backblech in den vorgeheizten Backofen schieben. Die Gebäckplatte **etwa 25 Minuten backen.**

5. Das Backblech auf einen Kuchenrost stellen. Die Gebäckplatte erkalten lassen und einen Backrahmen darumstellen. Die Gebäckplatte mit Rum bestreichen.

6. Für den Belag Gelatine nach Packungsanleitung einweichen. Zucker mit Kakao in einem Topf mischen. Nach und nach die Milch mit einem Schneebesen unterrühren. Die Kakaomilch zum Kochen bringen und in eine Rührschüssel geben. Eingeweichte Gelatine leicht ausdrücken und in der Kakaomilch unter Rühren auflösen. Kakaomilch abkühlen lassen, Rum unterrühren und in den Kühlschrank stellen.

7. Sahne steif schlagen. Wenn die Kakaomilch anfängt zu gelieren, Sahne unterheben. Die Schokosahne auf die Gebäckplatte geben und glatt streichen. Den Kuchen 2–3 Stunden in den Kühlschrank stellen.

8. Zum Bestreuen Schokolade mit einem Sparschäler oder einer Küchenreibe grob raspeln. Die Kuchenoberfläche dick damit bestreuen. Backrahmen lösen und entfernen. Den Kuchen in Stücke schneiden.

Tipps: Zum Bestreuen können Sie statt Edelbitter-Schokolade auch fertige Zartbitter-Raspelschokolade verwenden. Wer es fruchtiger mag, kann 480 g gut abgetropfte Aprikosenhälften (aus der Dose) in kleine Stücke schneiden und vor der Schokosahne auf dem Boden verteilen. Noch raffinierter sieht die Dekoration aus, wenn Sie Schokoladenlocken zubereiten. Dazu Schokolade schmelzen, dünn auf Backpapier streichen und fest werden lassen, aber nicht kalt stellen. Dann mit einem Spachtel breite Schokolocken schaben, diese vorsichtig mithilfe von Gabeln auf die Schnitten legen (Foto) und mit Kakaopulver bestäuben.

66 SEHR FEINE SCHOKOSCHNITTEN 24 STÜCKE

PRO STÜCK: E: 4 g, F: 21 g, Kh: 27 g, kJ: 1352, kcal: 324, BE: 2,0
ZUBEREITUNGSZEIT: 60 Minuten, ohne Abkühlzeit
BACKZEIT: etwa 30 Minuten

MIT ALKOHOL

FÜR DEN RÜHRTEIG:

250 g Butter oder Margarine (zimmerwarm)
225 g Zucker
1 Pck. Dr. Oetker Vanillin-Zucker
1 Prise Salz
5 Eier (Größe M)
200 g geschmolzene Blockschokolade
125 g Schlagsahne (mind. 30 % Fett)
6 EL Rum
200 g Weizenmehl
1 Msp. Dr. Oetker Backin
100 g klein geschnittene Blockschokolade

ZUM BESTREUEN:

50 g gestiftelte Mandeln

FÜR DEN GUSS:

200 g Zartbitter-Schokolade
40 g Kokosfett
2 Pck. Dr. Oetker Finesse Orangenschalen-Aroma

1. Den Backofen vorheizen.
Ober-/Unterhitze: etwa 180 °C
Heißluft: etwa 160 °C

2. Für den Teig Butter oder Margarine mit einem Mixer (Rührstäbe) auf höchster Stufe geschmeidig rühren. Nach und nach Zucker, Vanillin-Zucker und Salz unterrühren. So lange rühren, bis eine gebundene Masse entstanden ist.

3. Eier nach und nach unterrühren (jedes Ei etwa ½ Minute). Geschmolzene Schokolade, Sahne und Rum unterrühren.

4. Mehl mit Backpulver mischen, in 2 Portionen kurz auf mittlerer Stufe unterrühren. Schokoladenstückchen unterheben.

5. Den Teig auf ein Backblech (30 x 40 cm, gefettet) geben und glatt streichen. Das Backblech in den vorgeheizten Backofen schieben. Die Gebäckplatte **etwa 30 Minuten backen.**

6. Nach etwa 15 Minuten Backzeit die Mandeln auf die Gebäckplatte streuen und fertig backen.

7. Das Backblech auf einen Kuchenrost stellen. Die Gebäckplatte erkalten lassen.

8. Für den Guss Schokolade in Stücke brechen, mit Kokosfett in einem kleinen Topf im Wasserbad bei schwacher Hitze unter Rühren schmelzen. Orangenschalen-Aroma unterrühren. Die Gebäckplatte damit überziehen, Guss fest werden lassen. Die Gebäckplatte in Stücke schneiden.

Tipp: Ersetzen Sie den Rum durch Milch. Erhöhen Sie die Backpulvermenge dann auf 2 Messerspitzen.

68 ERDBEER-SCHOKOLADEN-SCHNITTEN ETWA 24 STÜCKE

PRO STÜCK: E: 6 g, F: 21 g, Kh: 36 g, kJ: 1520, kcal: 363, BE: 3,0
ZUBEREITUNGSZEIT: 60 Minuten, ohne Kühlzeit
BACKZEIT: 20–25 Minuten

BELIEBT – FÜR GÄSTE

FÜR DEN KNETTEIG:

125 g Butterkekse mit Schokoladenüberzug (Vollmilch oder Zartbitter)

150 g Weizenmehl

½ gestr. TL Dr. Oetker Backin

75 g feinster Zucker

1 Pck. Dr. Oetker Vanillin-Zucker

125 g Butter

FÜR DEN ALL-IN-TEIG:

200 g Weizenmehl

15 g gesiebtes Kakaopulver

3 gestr. TL Dr. Oetker Backin

125 g Zucker

4 Eier (Größe M)

100 ml Speiseöl

100 g Joghurt (3,5 % Fett)

FÜR DEN BELAG I:

100 g Vollmilch-Joghurt-Schokolade

500 g Erdbeeren

50 g Zucker

7 Blatt weiße Gelatine

400 g Schlagsahne (mind. 30 % Fett)

FÜR DEN BELAG II:

3 Blatt weiße Gelatine

100 g Edelbitter-Schokolade (etwa 70 % Kakaoanteil)

400 g Joghurt (3,5 % Fett)

75 g Zucker

ZUM GARNIEREN UND VERZIEREN:

75 g Zartbitter-Schokolade

1 TL Speiseöl

etwa 100 g kleine Erdbeeren

1. Für den Knetteig Butterkekse in einen Gefrierbeutel füllen. Beutel fest verschließen. Kekse mit einer Teigrolle so zerbröseln, dass noch einige gröbere Brösel erkennbar sind. Mehl mit Backpulver in einer Rührschüssel mischen. Restliche Zutaten hinzufügen und mit einem Mixer (Knethaken) zunächst kurz auf niedrigster, dann auf höchster Stufe gut durcharbeiten, Keksbrösel kurz unterkneten.

2. Anschließend auf einer leicht bemehlten Arbeitsfläche kurz zu einem Teig verkneten. Den Teig auf einem Backblech (30 x 40 cm, gefettet) ausrollen und einen Backrahmen darumstellen.

3. Den Backofen vorheizen.
Ober-/Unterhitze: etwa 180 °C
Heißluft: etwa 160 °C

4. Für den All-in-Teig Mehl mit Kakao und Backpulver in einer Rührschüssel mischen. Restliche Zutaten hinzufügen und mit dem Mixer (Rührstäbe) zunächst kurz auf niedrigster, dann auf höchster Stufe in etwa 2 Minuten zu einem glatten Teig verarbeiten. Den Teig auf dem Knetteig verteilen und vorsichtig glatt streichen. Das Backblech in den vorgeheizten Backofen schieben. Den Gebäckboden **20–25 Minuten backen.**

5. Das Backblech auf einen Kuchenrost stellen. Den Gebäckboden erkalten lassen.

6. Für den **Belag I** Schokolade mit einem Sparschäler raspeln. Erdbeeren putzen, abspülen, abtropfen lassen, entstielen, in kleine Stücke schneiden und in eine Rührschüssel geben. Zucker untermischen.

7. Gelatine nach Packungsanleitung einweichen. Sahne steif schlagen. Gelatine leicht ausdrücken, in einem kleinen Topf bei schwacher Hitze unter Rühren auflösen (nicht kochen). Die aufgelöste Gelatine zuerst mit etwa 4 Esslöffeln von der Sahne verrühren, dann unter die restliche Sahne rühren. Die gezuckerten Erdbeeren und die geraspelte Schokolade unter die Sahne heben, auf dem Gebäckboden verteilen und glatt streichen. Den Gebäckboden in den Kühlschrank stellen.

8. Für den **Belag II** Gelatine einweichen. Schokolade in Stücke brechen und in einem Topf im Wasserbad bei schwacher Hitze unter Rühren schmelzen. Joghurt mit Zucker verrühren. Gelatine wie zuvor beschrieben auflösen, mit etwas von der Joghurtmasse verrühren, dann unter die restliche Joghurtmasse rühren. Zuletzt die Schokolade vorsichtig untermischen. Die Schoko-Joghurt-Masse vorsichtig auf der Erdbeersahne verteilen und glatt streichen. Den Kuchen etwa 2 Stunden in den Kühlschrank stellen.

9. Zum Garnieren und Verzieren den Kuchen in Quadrate einteilen. Schokolade in Stücke brechen, mit Speiseöl wie zuvor beschrieben schmelzen. Von der Schokolade je einen kleinen Klecks auf die eingeteilten Quadrate geben.

10. Erdbeeren putzen, abspülen, trocken tupfen und entstielen. Die Erdbeeren auf die noch feuchten Schokoladenkleckse legen. Schokolade fest werden lassen. Backrahmen lösen und entfernen. Den Kuchen in Stücke teilen.

APRIKOSEN-ERDNUSS-DREIECKE 18 STÜCKE

PRO STÜCK: E: 5 g, F: 18 g, Kh: 20 g, kJ: 1096, kcal: 262, BE: 1,5
ZUBEREITUNGSZEIT: 50 Minuten, ohne Abkühlzeit
BACKZEIT: etwa 25 Minuten

RAFFINIERT

FÜR DEN RÜHRTEIG:

100 g getrocknete Aprikosen

100 g geröstete, gesalzene Erdnusskerne

175 g Butter oder Margarine (zimmerwarm)

150 g brauner Zucker

1 Pck. Dr. Oetker Vanillin-Zucker

1 Prise Salz

3 Eier (Größe M)

150 g Crème fraîche

3 EL Milch (3,5 % Fett)

150 g Vollkorn-Weizenmehl

20 g gesiebtes Kakaopulver

2 gestr. TL Dr. Oetker Backin

FÜR DEN GUSS:

100 g Zartbitter-Schokolade

30 g Butter

1. Den Backofen vorheizen.
Ober-/Unterhitze: etwa 180 °C
Heißluft: etwa 160 °C

2. Für den Teig Aprikosen und Erdnusskerne hacken. Butter oder Margarine mit einem Mixer (Rührstäbe) auf höchster Stufe geschmeidig rühren. Nach und nach Zucker, Vanillin-Zucker und Salz unterrühren. So lange rühren, bis eine gebundene Masse entstanden ist. Eier nach und nach unterrühren (jedes Ei etwa ½ Minute). Crème fraîche und Milch unterrühren.

3. Mehl mit Kakao und Backpulver mischen, kurz auf mittlerer Stufe unterrühren. Gehackte Aprikosenstücke und Erdnusskerne unterrühren. Einen Backrahmen (etwa 24 x 24 cm) auf ein Backblech (gefettet, mit Backpapier belegt) stellen. Den Teig in dem Backrahmen glatt verstreichen. Das Backblech in den vorgeheizten Backofen schieben. Den Gebäckboden **etwa 25 Minuten backen.**

4. Das Backblech auf einen Kuchenrost stellen. Den Gebäckboden erkalten lassen. Anschließend den Backrahmen lösen und entfernen.

5. Für den Guss Schokolade klein hacken, mit der Butter in einem kleinen Topf im Wasserbad bei schwacher Hitze unter Rühren schmelzen. Den Gebäckboden wellenartig mit der Schokolade bestreichen. Guss fest werden lassen.

6. Vor dem Servieren das Gebäck in Dreiecke schneiden.

Tipp: Der Teig kann bei gleicher Backofentemperatur auch in einer Springform (Ø 28 cm) gebacken werden.

72 SCHOKOLADEN-KAKAO-KUCHEN MIT MANDELN 24 STÜCKE

PRO STÜCK: E: 5 g, F: 19 g, Kh: 20 g, kJ: 1135, kcal: 271, BE: 1,5
ZUBEREITUNGSZEIT: 30 Minuten, ohne Kühlzeit
BACKZEIT: etwa 20 Minuten

SCHMECKT KINDERN

ZUM VORBEREITEN:
100 g Vollmilch-Schokolade

FÜR DEN RÜHRTEIG:
150 g Butter oder Margarine (zimmerwarm)
150 g Zucker
1 Pck. Dr. Oetker Vanillin-Zucker
1 Prise Salz
3 Eier (Größe M)
200 g Weizenmehl
2 gestr. TL Dr. Oetker Backin
50 g gesiebtes Kakaopulver (ungezuckert)
100 g abgezogene, gem. Mandeln
100 ml Milch (3,5 % Fett)

ZUM TRÄNKEN:
125 ml Milch (3,5 % Fett)
2 TL Instant-Kakaopulver

FÜR DEN BELAG:
2 EL Nuss-Nougat-Creme
400 g Schlagsahne (mind. 30 % Fett)
2 Pck. Sahnesteif

ZUM BESTREUEN UND GARNIEREN:
50 g gehackte Mandeln
Schoko-Ornamente, z.B. Tiermotive

1. Den Backofen vorheizen.
Ober-/Unterhitze: etwa 180 °C
Heißluft: etwa 160 °C

2. Zum Vorbereiten Schokolade in kleine Stücke hacken.

3. Für den Teig Butter oder Margarine mit einem Mixer (Rührstäbe) auf höchster Stufe geschmeidig rühren. Nach und nach Zucker, Vanillin-Zucker und Salz unterrühren. So lange rühren, bis eine gebundene Masse entstanden ist. Eier nach und nach unterrühren (jedes Ei etwa ½ Minute).

4. Mehl mit Backpulver und Kakao mischen, abwechselnd in 2 Portionen mit der Milch kurz auf mittlerer Stufe unterrühren. Mandeln und Schokoladenstücke unterheben.

5. Den Teig auf ein Backblech (30 x 40 cm, gefettet) geben und glatt streichen. Das Backblech in den vorgeheizten Backofen schieben. Den Gebäckboden **etwa 20 Minuten backen.**

6. Das Backblech auf einen Kuchenrost stellen. Zum Tränken Milch mit Kakao verrühren. Den heißen Gebäckboden mithilfe eines Backpinsels mit der Kakaomilch bestreichen. Den Gebäckboden erkalten lassen.

7. Für den Belag Nougat-Creme in einem kleinen Topf unter Rühren leicht erwärmen. Sahne mit Sahnesteif steif schlagen. Die weiche Nougat-Creme so unter die Sahne rühren, dass eine Marmorierung entsteht.

8. Die marmorierte Sahne auf dem Gebäckboden verteilen. Kuchen etwa 30 Minuten in den Kühlschrank stellen.

9. Den Kuchen in Stücke schneiden, mit Mandeln bestreuen und mit Schoko-Ornamenten garnieren.

PRO STÜCK: E: 3 g, F: 18 g, Kh: 16 g, kJ: 983, kcal: 235, BE: 1,5
ZUBEREITUNGSZEIT: 30 Minuten, ohne Kühlzeit
BACKZEIT: etwa 15 Minuten

FÜR DIE ADVENTSZEIT

FÜR DEN RÜHRTEIG:

200 g Butter oder Margarine (zimmerwarm)
150 g Zucker
1 Pck. Dr. Oetker Vanillin-Zucker
1 Prise Salz
4 Eier (Größe M)
200 g Weizenmehl
2 gestr. TL Dr. Oetker Backin
2 gestr. TL Lebkuchengewürz
40 g gesiebtes Kakaopulver
3 EL Milch (3,5 % Fett)

FÜR DIE SCHOKOCREME:

100 g Vollmilch-Schokolade
200 g Butter (zimmerwarm)
2 EL gesiebtes Kakaopulver
1 Msp. gem. Zimt
1 Msp. gem. Ingwer
1 ganz frisches Eigelb (Größe M)
1 Pck. Dr. Oetker Bourbon-Vanille-Zucker

ZUM BESTÄUBEN UND GARNIEREN:

Kakaopulver
evtl. Schokoladensterne

1. Den Backofen vorheizen.
Ober-/Unterhitze: etwa 180 °C
Heißluft: etwa 160 °C

2. Für den Teig Butter oder Margarine mit einem Mixer (Rührstäbe) auf höchster Stufe geschmeidig rühren. Nach und nach Zucker, Vanillin-Zucker und Salz unterrühren. So lange rühren, bis eine gebundene Masse entstanden ist.

3. Eier nach und nach unterrühren (jedes Ei etwa ½ Minute). Mehl mit Backpulver, Lebkuchengewürz und Kakao mischen, abwechselnd in 2 Portionen mit der Milch kurz auf mittlerer Stufe unterrühren.

4. Den Teig auf ein Backblech (30 x 40 cm, gefettet) geben und glatt streichen. Das Backblech in den vorgeheizten Backofen schieben. Den Gebäckboden **etwa 15 Minuten backen.**

5. Das Backblech auf einen Kuchenrost stellen. Den Gebäckboden erkalten lassen.

6. Für die Schokocreme Schokolade in Stücke brechen, in einem kleinen Topf im Wasserbad bei schwacher Hitze unter Rühren schmelzen. Schokoladenmasse etwas abkühlen lassen.

7. Die Butter mit dem Mixer (Rührstäbe) schaumig rühren. Kakao, Zimt und Ingwer hinzugeben. Eigelb und Vanille-Zucker unterrühren.

8. Die Schokolade mit einem Teigschaber unter die Butter-Eigelb-Masse rühren und etwa 30 Minuten in den Kühlschrank stellen, bis sie anfängt fest zu werden. Schokoladen-Butter-Masse mit dem Mixer (Rührstäbe) kurz aufschlagen.

9. Die Creme auf den Gebäckboden streichen. Mit einem Tortenkamm oder einer Gabel wellenartig Streifen in die Creme ziehen. Den Kuchen mindestens 60 Minuten in den Kühlschrank stellen.

10. Zum Bestäuben und Garnieren den Kuchen kurz vor dem Servieren mit Kakao bestäuben, in kleine Quadrate oder Rauten schneiden und evtl. mit Schokoladensternen garnieren.

Hinweis: Für die Creme nur ganz frisches Eigelb verwenden, das nicht älter als 5 Tage ist (Legedatum der Eier beachten!).

76 SCHOKO-MARZIPAN-SCHNITTEN 12 STÜCKE

PRO STÜCK: E: 10 g, F: 41 g, Kh: 49 g, kJ: 2542, kcal: 608, BE: 4,0
ZUBEREITUNGSZEIT: 50 Minuten, ohne Kühlzeit
BACKZEIT: etwa 15 Minuten

STÜCK FÜR STÜCK EIN GENUSS

ZUM VORBEREITEN:

2 Pck. Gala Schokoladen-Pudding-Pulver

120 g Zucker

450 ml Milch (3,5 % Fett)

250 g Schlagsahne (mind. 30 % Fett)

FÜR DEN RÜHRTEIG:

200 g Marzipan-Rohmasse

250 g Butter oder Margarine (zimmerwarm)

150 g Zucker

1 Pck. Dr. Oetker Vanillin-Zucker

1 Prise Salz

4 Eier (Größe M)

125 g Weizenmehl

2 gestr. TL Dr. Oetker Backin

50 g gesiebtes Kakaopulver (ungezuckert)

FÜR DIE FÜLLUNG:

250 g Schlagsahne (mind. 30 % Fett)

1 Pck. Sahnesteif

1 EL Zucker

1 Pck. Dr. Oetker Bourbon-Vanille-Aroma

1. Zum Vorbereiten aus Pudding-Pulver, Zucker, Milch und Sahne einen Pudding nach Packungsanleitung, aber mit der hier angegebenen Menge Zucker, Milch und Sahne zubereiten. Den heißen Pudding in eine Schüssel geben. Die Puddingoberfläche direkt mit Frischhaltefolie belegen und erkalten lassen.

2. Den Backofen vorheizen.
Ober-/Unterhitze: etwa 180 °C
Heißluft: etwa 160 °C

3. Für den Teig Marzipan klein schneiden und in eine Rührschüssel geben. Butter oder Margarine hinzufügen. Die Zutaten mit einem Mixer (Rührstäbe) auf höchster Stufe geschmeidig rühren. Nach und nach Zucker, Vanillin-Zucker und Salz unterrühren. So lange rühren, bis eine gebundene Masse entstanden ist.

4. Eier nach und nach unterrühren (jedes Ei etwa ½ Minute). Mehl mit Backpulver und Kakao mischen, in 2 Portionen kurz auf mittlerer Stufe unterrühren.

5. Den Teig auf ein Backblech (30 x 40 cm, gefettet) geben und glatt streichen. Das Backblech in den vorgeheizten Backofen schieben. Den Gebäckboden **etwa 15 Minuten backen.**

6. Das Backblech auf einen Kuchenrost stellen. Gebäckboden erkalten lassen.

7. Den Gebäckboden so halbieren, dass 2 Rechtecke (etwa 20 x 30 cm) entstehen. Eine Gebäckhälfte in 12 Rechtecke (etwa 5 x 10 cm) schneiden und beiseitelegen. Zweite Gebäckhälfte auf eine Tortenplatte oder auf das gesäuberte Backblech legen.

8. Für die Füllung Sahne mit Sahnesteif und Zucker steif schlagen. Den erkalteten Pudding mit dem Mixer (Rührstäbe) cremig rühren, Aroma unterrühren. Sahne mithilfe eines Teigschabers so unter den Pudding heben, dass ein Marmormuster entsteht. 4 Esslöffel der Creme in einen Spritzbeutel mit Loch- oder Sterntülle (Ø etwa 5 mm) füllen. Restliche Creme auf dem Gebäckboden verteilen. Beiseitegelegte Gebäckstücke darauflegen und mit der Creme aus dem Spritzbeutel verzieren.

9. Die Schoko-Marzipan-Schnitten etwa 60 Minuten in den Kühlschrank stellen.

78 SCHOKO-VANILLE-KUCHEN 50 STÜCKE

PRO STÜCK: E: 4 g, F: 16 g, Kh: 15 g, kJ: 923, kcal: 221, BE: 1,0
ZUBEREITUNGSZEIT: 70 Minuten, ohne Kühlzeit
BACKZEIT: etwa 35 Minuten

ZUM NACHMITTAGSKAFFEE

FÜR DIE SCHOKOLADENCREME:
400 g Schlagsahne (mind. 30 % Fett)
350 g Zartbitter-Kuvertüre

FÜR DEN SCHOKOBODEN:
150 g Zartbitter-Kuvertüre
150 g Butter oder Margarine (zimmerwarm)
150 g Zucker
12 Eigelb (Größe L)
120 g Löffelbiskuits
250 g abgezogene, gem. Mandeln
12 Eiweiß (Größe L)

FÜR DEN BELAG:
100 g Aprikosenkonfitüre
2 EL Wasser

FÜR DIE VANILLECREME:
1 Pck. Dr. Oetker Pudding-Pulver Vanille-Geschmack
80 g Zucker
1 Pck. Dr. Oetker Bourbon-Vanille-Zucker
250 ml Milch (3,5 % Fett)
250 g Schlagsahne (mind. 30 % Fett)
100 g Butter

1. Für die Schokoladencreme Sahne in einem Topf auf etwa 50 °C erhitzen. Kuvertüre in Stücke hacken und in der heißen Sahne unter Rühren schmelzen. Den Topf von der Kochstelle nehmen. Die Schokoladensahne auf Zimmertemperatur abkühlen lassen.

2. Den Backofen vorheizen.
Ober-/Unterhitze: etwa 180 °C
Heißluft: etwa 160 °C

3. Für den Schokoboden Kuvertüre in Stücke hacken, in einem kleinen Topf im Wasserbad bei schwacher Hitze unter Rühren schmelzen. Den Topf aus dem Wasserbad nehmen. Kuvertüre auf Zimmertemperatur abkühlen lassen.

4. Butter oder Margarine in einer großen Rührschüssel mit einem Mixer (Rührstäbe) schaumig schlagen. 100 g des Zuckers, Eigelb und die flüssige Kuvertüre unterschlagen. Löffelbiskuits im Blitzhacker fein zerbröseln oder in einen Gefrierbeutel geben. Den Beutel fest verschließen. Löffelbiskuits mit einer Teigrolle fein zerbröseln. Die Biskuitbrösel und Mandeln auf die Schokoladenmasse geben (noch nicht unterrühren).

5. Eiweiß evtl. in 2 Portionen mit dem Mixer (Rührstäbe) steif schlagen. Restlichen Zucker hinzugeben und weitere etwa 2 Minuten schlagen. Eischnee portionsweise auf die Biskuitbrösel-Mandel-Masse geben. Die Zutaten vorsichtig mit einem Teigschaber unter die Schokoladenmasse heben.

6. Den Teig in einem tiefen Backblech oder einer Fettpfanne (30 x 40 cm, gefettet, mit Backpapier belegt) verteilen und glatt streichen. Das Backblech oder die Fettpfanne in den vorgeheizten Backofen schieben. Den Schokoboden **etwa 35 Minuten backen.**

7. Das Backblech oder die Fettpfanne auf einen Kuchenrost stellen. Den Schokoboden erkalten lassen.

8. Für den Belag Konfitüre mit Wasser in einem kleinen Topf zum Kochen bringen und etwa 2 Minuten unter Rühren bei starker Hitze kochen lassen. Die Konfitüre auf den Schokokuchen geben, glatt streichen und erkalten lassen.

9. Für die Vanillecreme aus Pudding-Pulver, Zucker, Vanille-Zucker, Milch und Sahne einen Pudding nach Packungsanleitung zubereiten. Butter unter den heißen Pudding rühren. Die Vanillecreme auf den Schokokuchen geben, glatt streichen und etwa 60 Minuten in den Kühlschrank stellen.

10. Die vorbereitete Schokoladencreme auf die Vanillecreme geben und gleichmäßig verteilen. Den Schoko-Vanille-Kuchen etwa 3 Stunden in den Kühlschrank stellen.

11. Den Schoko-Vanille-Kuchen in etwa 4 x 6 cm große Stücke schneiden.

Tipp: Der Kuchen ist mehrere Tage haltbar und kann sehr gut vorbereitet werden.

80 FUDGE 25 STÜCKE

PRO STÜCK: E: 2 g, F: 30 g, Kh: 22 g, kJ: 1506, kcal: 360, BE: 1,5
ZUBEREITUNGSZEIT: 45 Minuten, ohne Kühlzeit

220 g weiße Marshmallows
180 ml Kondensmilch (10 % Fett)
360 g Zartbitter-Kuvertüre
180 g Zucker
500 g Butter
250 g Macadamianusskerne

Tipp: Es können auch gesalzene Macadamianusskerne verwendet werden. Dann die Nusskerne in ein Sieb geben, mit warmen Wasser abspülen, auf Küchenpapier trocken reiben und wie im Rezept beschrieben verwenden.

1. Einen Backrahmen auf etwa 25 x 25 cm ausziehen und auf ein Backblech (mit Backpapier belegt) stellen.

2. Die Marshmallows mit 2 Esslöffeln Kondensmilch in eine Edelstahlschüssel geben. Die Schüssel auf einen Topf mit kochendem Wasser stellen und über dem Wasserdampf erhitzen, bis die Marshmallows weich werden, aber noch stückig sind.

3. Kuvertüre in Stücke hacken, mit restlicher Kondensmilch, Zucker und Butter in einen Topf geben und unter Rühren bei schwacher Hitze schmelzen, bis eine glatte Masse entstanden ist.

4. Die weichen Marshmallows unter die Schokoladenmasse ziehen.

5. Die Macadamianusskerne grob hacken und unterrühren. Die Masse in dem vorbereiteten Backrahmen verteilen und mindestens 5 Stunden in den Kühlschrank stellen.

6. Den Backrahmen lösen und entfernen. Fudge in etwa 5 cm große Würfel schneiden.

82 RUM-PFLAUMEN-BROWNIES MIT PINIENKERNEN 24 STÜCKE

PRO STÜCK: E: 3 g, F: 10 g, Kh: 18 g, kJ: 749, kcal: 179, BE: 1,5
ZUBEREITUNGSZEIT: 30 Minuten, ohne Durchzieh- und Abkühlzeit
BACKZEIT: etwa 25 Minuten

MIT ALKOHOL

ZUM VORBEREITEN:

200 g Trockenpflaumen
3 EL Rum

FÜR DEN RÜHRTEIG:

200 g Zartbitter-Schokolade
125 ml Speiseöl, z. B. Sonnenblumenöl
125 g Zucker
1 Pck. Dr. Oetker Bourbon-Vanille-Zucker
1 Msp. Salz
3 Eier (Größe M)
150 g Weizenmehl
2 gestr. TL Dr. Oetker Backin
60 g Pinienkerne

FÜR DEN GUSS:

30 g Puderzucker
1–2 EL Rum

---

1. Zum Vorbereiten Trockenpflaumen in kleine Stücke schneiden, in eine Schüssel geben und mit Rum beträufeln. Pflaumenstückchen etwa 1 Stunde durchziehen lassen.

2. Den Backofen vorheizen.
Ober-/Unterhitze: etwa 180 °C
Heißluft: etwa 160 °C

3. Für den Teig Schokolade in Stücke brechen, in einem kleinen Topf im Wasserbad bei schwacher Hitze unter Rühren schmelzen.

4. Schokoladenmasse in eine Rührschüssel geben. Speiseöl, Zucker, Vanille-Zucker, Salz und Eier hinzufügen. Die Zutaten mit einem Mixer (Rührstäbe) zunächst kurz auf niedrigster, dann auf höchster Stufe geschmeidig rühren. Mehl mit Backpulver mischen und kurz auf mittlerer Stufe unterrühren. Zuletzt Pflaumenstückchen und Pinienkerne kurz auf niedrigster Stufe unterrühren.

5. Den Teig auf die hintere Hälfte eines Backblechs (15 x 40 cm, gefettet) geben und glatt streichen. Vor den Teig einen mehrfach geknickten Streifen Alufolie legen. Das Backblech in den vorgeheizten Backofen schieben. Das Gebäck **etwa 25 Minuten backen.**

6. Das Backblech auf einen Kuchenrost stellen, Gebäck erkalten lassen.

7. Für den Guss Puderzucker mit so viel Rum verrühren, dass eine dickflüssige Masse entsteht. Den Guss in einen Gefrierbeutel geben und eine kleine Ecke abschneiden. Das Gebäck mit dem Guss besprenkeln. Guss trocknen lassen.

8. Das Gebäck vor dem Servieren in 24 Quadrate (etwa 5 x 5 cm) schneiden.

Tipps: Sie können die Trockenpflaumen auch über Nacht einlegen. Statt Rum können Sie auch Apfelsaft verwenden. Als Dessert können Sie die noch warmen Brownies zusammen mit einer Bourbon-Vanille-Sauce (aus dem Kühlregal) servieren.

84 SCHOKOLADEN-BROWNIES 48 STÜCKE

PRO STÜCK: E: 2 g, F: 14 g, Kh: 12 g, kJ: 758, kcal: 181, BE: 1,0
ZUBEREITUNGSZEIT: 60 Minuten, ohne Kühlzeit
BACKZEIT: 15–20 Minuten

SCHMECKEN AUCH KINDERN

FÜR DEN TEIG:

250 g Butter oder Margarine

200 g Zartbitter-Schokolade (etwa 50 % Kakaoanteil)

150 g Weizenmehl

2 gestr. TL Dr. Oetker Backin

100 g gehackte Mandeln

150 g brauner Rohrzucker

2 Pck. Dr. Oetker Vanillin-Zucker

1 Prise Salz

30 g gesiebtes Kakaopulver

4 Eier (Größe M)

4 EL Milch (3,5 % Fett)

FÜR DIE CREME:

300 g weiße Kuvertüre

250 g Crème fraîche

1 Pck. Dr. Oetker Vanillin-Zucker

20 g Speisestärke

125 ml Milch (3,5 % Fett)

120 g Butter

ZUM BESTÄUBEN:

evtl. Kakaopulver

1. Den Backofen vorheizen.
Ober-/Unterhitze: etwa 180 °C
Heißluft: etwa 160 °C

2. Für den Teig Butter oder Margarine in einem Topf zerlassen. Den Topf von der Kochstelle nehmen. Schokolade in kleine Stücke hacken, zu der Butter oder Margarine in den Topf geben und unter Rühren schmelzen, etwas abkühlen lassen.

3. Mehl mit Backpulver mischen und in eine Rührschüssel geben. Mandeln, braunen Zucker, Vanillin-Zucker, Salz und Kakao hinzugeben. Die Zutaten mit einem Schneebesen verrühren. Eier, Schoko-Butter-Masse und Milch hinzufügen. Die Zutaten mit einem Mixer (Rührstäbe) verrühren, bis ein glatter Teig entstanden ist.

4. Den Teig auf ein Backblech (30 x 40 cm, gefettet) geben und glatt streichen. Das Backblech in den vorgeheizten Backofen schieben. Die Gebäckplatte **15–20 Minuten backen.**

5. Das Backblech auf einen Kuchenrost stellen. Die Gebäckplatte erkalten lassen.

6. Für die Creme die Kuvertüre in Stücke hacken. Crème fraîche mit Vanillin-Zucker und Speisestärke verrühren. Milch und Butter in einem Topf zum Kochen bringen. Crème-fraîche-Masse einrühren und unter Rühren aufkochen lassen. Den Topf von der Kochstelle nehmen. Kuvertürestücke mit einem Schneebesen unterrühren und etwa 5 Minuten stehen lassen. Die Masse dann zu einer geschmeidigen Creme verrühren.

7. Die Creme auf den Gebäckboden geben, glatt streichen und mindestens 2 Stunden in den Kühlschrank stellen, bis die Creme fest ist.

8. Das Gebäck mit Kakao bestäuben und in Quadrate (etwa 5 x 5 cm) schneiden.

Tipp: Die Mandeln vorher in Pfanne ohne Fett bei schwacher Hitze unter Rühren goldbraun rösten und auf einem Teller abkühlen lassen. Der Mandelgeschmack ist dann noch intensiver.

86 SCHOKOLADEN-ERDNUSS-COOKIES 25 STÜCK

PRO STÜCK: E: 4 g, F: 12 g, Kh: 28 g, kJ: 1154, kcal: 238, BE: 2,5
ZUBEREITUNGSZEIT: 30 Minuten
BACKZEIT: 10–12 Minuten je Backblech

SCHMECKEN AUCH KINDERN

125 g ungesalzene Erdnusskerne

250 g Zartbitter-Kuvertüre

150 g Butter (zimmerwarm)

1 EL Erdnusscreme

250 g brauner Zucker (Rohrzucker)

125 g Zucker

2 Eier (Größe M)

300 g Weizenmehl

½ gestr. TL Salz

1 TL Natron

1 Pck. Dr. Oetker Bourbon-Vanille-Zucker

1. Erdnusskerne und Kuvertüre grob hacken.

2. Den Backofen vorheizen.
Ober-/Unterhitze: etwa 180 °C
Heißluft: etwa 160 °C

3. Butter und Erdnusscreme in eine Rührschüssel geben und mit einem Mixer (Rührstäbe) etwa 3 Minuten schaumig schlagen. Rohrzucker und Zucker hinzugeben und unterschlagen.

4. Eier nach und nach unterrühren (jedes Ei etwa ½ Minute). Mehl mit Salz, Natron und Vanille-Zucker mischen, in 2 Portionen kurz unter die Butter-Eier-Creme rühren.

5. Erdnusskern- und Schokoladenstückchen mit einem Rührlöffel unterheben.

6. Den Teig in esslöffelgroßen Portionen mit viel Abstand zueinander auf Backbleche (gefettet, mit Backpapier belegt) setzen. Die Backbleche nacheinander (bei Heißluft zusammen) in den vorgeheizten Backofen schieben. Die Cookies **10–12 Minuten je Backblech backen.**

7. Die Cookies auf Kuchenrosten erkalten lassen. Anschließend in luftdichten Behältern aufbewahren.

Tipp: Es können gesalzene Erdnusskerne verwendet werden. Dann die Erdnusskerne mit warmen Wasser abspülen und mit Küchenpapier trocken tupfen.

88 GEFÜLLTE SCHOKOLADENHERZEN 8 STÜCK

PRO STÜCK: E: 8 g, F: 61 g, Kh: 43 g, kJ: 3186, kcal: 761, BE: 3,5
ZUBEREITUNGSZEIT: 40 Minuten, ohne Kühlzeit
BACKZEIT: 15–20 Minuten

ZUM VERSCHENKEN

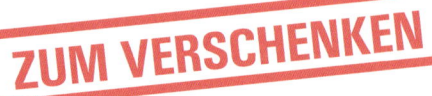

FÜR DEN RÜHRTEIG:

100 g Vollmilch-Haselnuss-Schokolade
50 g Weizenmehl
50 g Speisestärke
1 gestr. TL Dr. Oetker Backin
40 g gesiebtes Kakaopulver
100 g gem. Haselnusskerne
250 g Butter oder Margarine (zimmerwarm)
150 g Zucker
1 Prise Salz
1 Pck. Dr. Oetker Vanillin-Zucker
3 Eier (Größe M)
3 EL Milch (3,5 % Fett)

FÜR DEN BELAG:

2 EL Puderzucker
1 Pck. Sahnesteif
500 g Schlagsahne
(mind. 30 % Fett)

ZUM BESTÄUBEN:

Kakaopulver

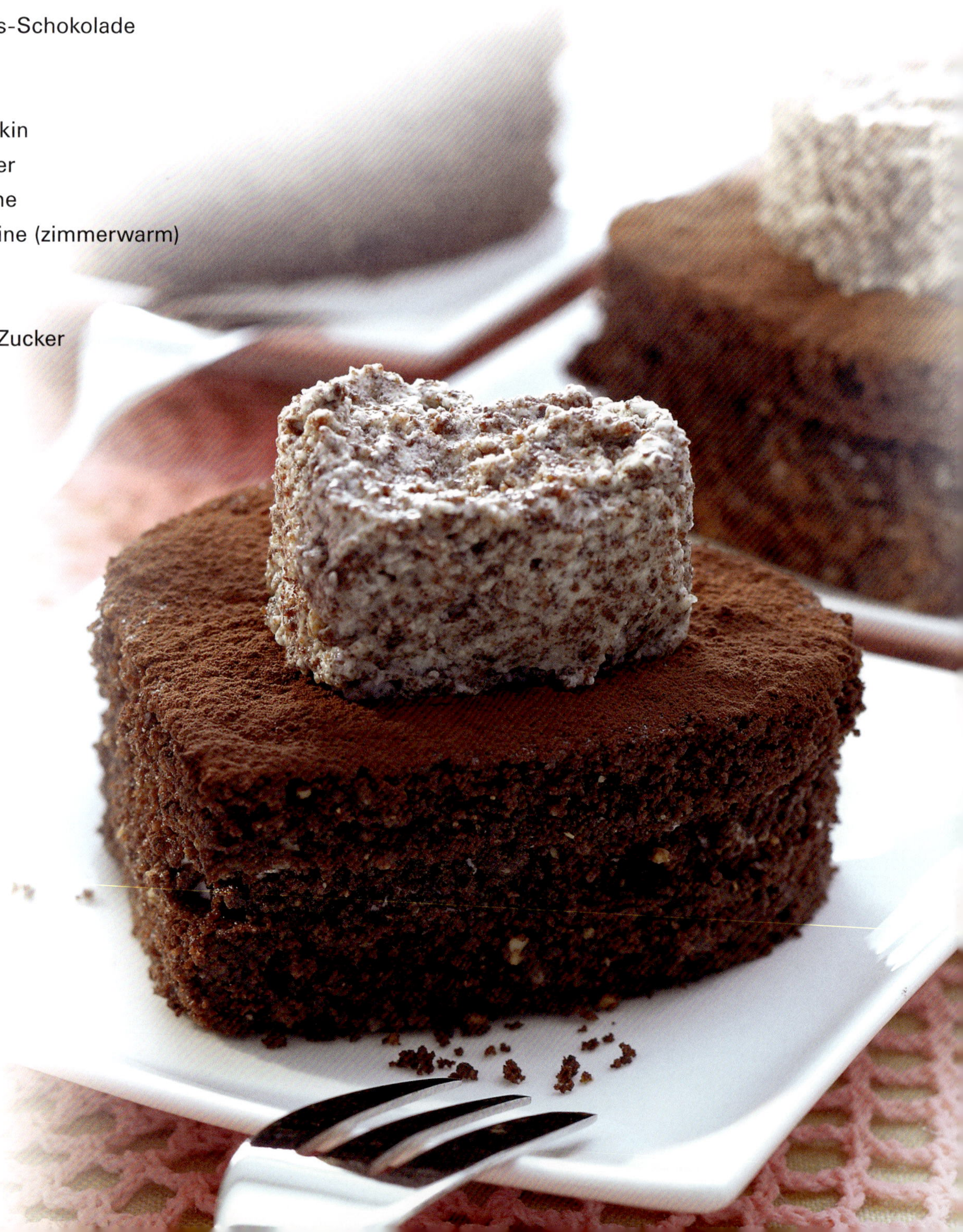

1. Den Backofen vorheizen.
Ober-/Unterhitze: etwa 180 °C
Heißluft: etwa 160 °C

2. Für den Teig Schokolade in Stücke brechen und im Zerkleinerer sehr fein hacken. Mehl mit Speisestärke, Backpulver, Kakao und Haselnusskernen in einer Schüssel mischen.

3. Butter oder Margarine mit einem Mixer (Rührstäbe) auf höchster Stufe geschmeidig rühren. Nach und nach Zucker, Salz und Vanillin-Zucker unterrühren. So lange rühren, bis eine gebundene Masse entstanden ist.

4. Eier nach und nach unterrühren (jedes Ei etwa ½ Minute). Mehl-Nuss-Mischung in 3 Portionen kurz auf mittlerer Stufe unterrühren. Milch und Schokoladenstückchen unterrühren.

5. Den Teig auf ein Backblech (30 x 40 cm, mit Backpapier belegt) geben und glatt streichen. Das Backblech in den vorgeheizten Backofen schieben. Das Gebäck **15–20 Minuten backen.**

6. Das Backblech auf einen Kuchenrost stellen. Das Gebäck erkalten lassen. Die Backofentemperatur **auf Ober-/Unterhitze: etwa 140 °C, Heißluft: etwa 120 °C herunterschalten.**

7. Aus der Gebäckplatte mit einem Herzausstecher möglichst dicht nebeneinander 16 Herzen (Ø etwa 9 cm) ausstechen, dabei evtl. den Ausstecher drehen. Die Herzen auf eine Platte legen.

8. Gebäckreste vom Backpapier lösen, mit den Fingern fein zerbröseln. Gebäckbrösel auf dem Backblech verteilen. Das Backblech wieder in den vorgeheizten Backofen schieben. Gebäckbrösel trocknen lassen, dabei zwischen-durch zweimal umrühren. Die Gebäckbrösel 15–20 Minuten trocknen lassen.

9. Das Backblech auf einen Kuchenrost stellen. Gebäckbrösel auf dem Backblech erkalten lassen.

10. Für den Belag 1 Esslöffel Puderzucker mit Sahnesteif mischen. 400 g der Sahne mit der Puderzucker-Sahnesteif-Mischung steif schlagen. Die Sahne in einen Spritzbeutel mit Lochtülle (Ø etwa 10 mm) füllen. Die Sahne auf 8 Herzen spritzen, jeweils ein zweites Herz darauflegen und andrücken. Den Sahnerand mit einem Messer glatt streichen. Schokoherzen etwa 30 Minuten in den Kühlschrank stellen.

11. Die gefüllten Herzen jeweils mit der Sahnekante in die Gebäckbrösel drücken und die Brösel rundherum andrücken. Die gefüllten Herzen bis zum Servieren wieder in den Kühlschrank stellen.

12. Restliche Sahne mit restlichem Puderzucker steif schlagen, restliche Gebäckbrösel unterrühren. Einen Herzausstecher (Ø 4–6 cm) auf ein Stück Backpapier oder ein Schneidbrett setzen und mit 2–3 Teelöffeln der Brösel-Sahne füllen. Den Ausstecher abziehen. Auf diese Weise 8 Herzen herstellen.

13. Die großen Herzen mit Kakao bestäuben und mit je einem kleinen Brösel-Sahne-Herz garnieren.

Tipp: Die Herzen zusätzlich mit einem Klecks Himbeergelee garnieren.

BROWNIES MIT NUSSKARAMELL <small>25 STÜCKE</small>

PRO STÜCK: E: 4 g, F: 12 g, Kh: 22 g, kJ: 881, kcal: 210, BE: 2,0
ZUBEREITUNGSZEIT: 25 Minuten, ohne Abkühlzeit
BACKZEIT: etwa 25 Minuten

STÜCK FÜR STÜCK EIN GENUSS

FÜR DEN NUSSKARAMELL:

150 g Cashewkerne
100 g Zucker

FÜR DEN TEIG:

350 g Zartbitter-Schokolade
100 g Butter
4 Eier (Größe L)
160 g Zucker
1 Prise Salz
1 Prise gem. Zimt
150 g Weizenmehl

ZUM BESTÄUBEN:

1 EL Kakaopulver

1. Einen Backrahmen auf etwa 25 x 25 cm ausziehen und auf ein Backblech stellen. Zwei Bögen Backpapier in den Rahmen legen, sodass die Ränder und der Boden bedeckt sind.

2. Den Backofen vorheizen.
Ober-/Unterhitze: etwa 180 °C
Heißluft: etwa 160 °C

3. Für den Karamell Cashewkerne grob hacken. Zucker gleichmäßig in eine Pfanne streuen, bei mittlerer Hitze karamellisieren lassen. Die Cashewkerne hinzugeben und mit dem Karamell vermischen. Die karamellisierten Cashewkerne herausnehmen, auf einem Bogen Backpapier verteilen und abkühlen lassen. Cashewkerne grob hacken.

4. Für den Teig Schokolade in Stücke brechen, mit Butter in einem kleinen Topf im Wasserbad bei schwacher Hitze unter Rühren schmelzen.

5. Eier, Zucker und Salz in eine Rührschüssel geben und mit einem Mixer (Rührstäbe) schaumig schlagen. Zimt, Mehl, Cashew-Karamell und die geschmolzene Schokolade unter die Eiermasse ziehen. Die Masse in den vorbereiteten Backrahmen füllen und glatt streichen. Das Backblech in den vorgeheizten Backofen schieben. Das Gebäck **etwa 25 Minuten backen.**

6. Das Backblech auf einen Kuchenrost stellen. Das Gebäck erkalten lassen und in etwa 5 cm große Quadrate schneiden. Brownies mit Kakao bestäuben.

Tipps: Die Cashewkerne lassen sich austauschen. Es passen auch Pecan-, Walnusskerne oder ganze abgezogene Mandeln.

Achtung! Den Kuchen möglichst nicht länger backen als beschrieben. Er verliert ansonsten seine Saftigkeit und wird trocken.

ABKÜRZUNGEN

EL	=	Esslöffel
TL	=	Teelöffel
Msp.	=	Messerspitze
Pck.	=	Packung/Päckchen
g	=	Gramm
kg	=	Kilogramm
ml	=	Milliliter
l	=	Liter
evtl.	=	eventuell
geh.	=	gehäuft
gestr.	=	gestrichen
gem.	=	gemahlen
ger.	=	gerieben
TK	=	Tiefkühlprodukt
°C	=	Grad Celsius
Ø	=	Durchmesser

KALORIEN-/NÄHRWERT-ANGABEN

E	=	Eiweiß
F	=	Fett
Kh	=	Kohlenhydrate
kcal	=	Kilokalorien
kJ	=	Kilojoule
BE	=	Broteinheiten

Bei den Nährwertangaben in den Rezepten handelt es sich um auf- bzw. abgerundete ganze Werte. Lediglich die Broteinheiten werden in 0,5er-Schritten mit einer Stelle nach dem Komma angegeben.

Aufgrund von ständigen Rohstoffschwankungen und/oder Rezepturveränderungen bei Lebensmitteln kann es zu Abweichungen kommen. Die Nährwertangaben dienen daher lediglich Ihrer Orientierung und eignen sich nur bedingt für die Berechnung eines Diätplans, zum Beispiel bei Krankheiten wie Diabetes. Bei krankheitsbedingten Diäten richten Sie sich daher bitte nach den Anweisungen Ihres Diätassistenten bzw. Ihres Arztes.

ALLGEMEINE HINWEISE ZU DEN REZEPTEN

Lesen Sie bitte vor der Zubereitung – besser noch vor dem Einkauf – das Rezept einmal vollständig durch. Oft werden Arbeitsabläufe oder -zusammenhänge dann klarer.

ZUTATENLISTE

Die Zutaten sind in der Reihenfolge ihrer Verarbeitung aufgeführt.

ARBEITSSCHRITTE

Die Arbeitsschritte sind einzeln hervorgehoben, in der Reihenfolge, in der sie von uns ausprobiert wurden.

ZUBEREITUNGSZEITEN

Die Zubereitungszeit ist ein Anhaltswert für die Dauer der Vorbereitung und die eigentliche Zubereitung. Längere Wartezeiten wie Kühl- oder Abkühlzeiten, Auftau- und Durchziehzeiten sind, sofern parallel keine weitere Tätigkeit erfolgt, nicht in der Zubereitungszeit enthalten. Die Backzeiten werden gesondert ausgewiesen.

BACKOFENEINSTELLUNG UND BACKZEITEN

Die in den Rezepten angegebenen Backtemperaturen und Backzeiten sind Richtwerte, die je nach individueller Hitzeleistung Ihres Backofens über- oder unterschritten werden können. Machen Sie nach Beendigung der angegebenen Backzeit eine Garprobe. Die Temperaturangaben in diesem Buch beziehen sich auf Elektrobacköfen. Die Temperatureinstellungsmöglichkeiten für Gasbacköfen variieren je nach Hersteller, sodass wir keine allgemeingültigen Angaben machen können. Bitte beachten Sie deshalb bei der Einstellung des Backofens die Gebrauchsanleitung des Herstellers. Ein Backofenthermometer eignet sich dabei gut, um die Backofentemperatur im Blick zu haben.

EINSCHUBHÖHE

Hohe und halbhohe Formen werden im Allgemeinen auf dem Rost auf die untere Einschubleiste geschoben, flache Formen auf die mittlere Einschubleiste. Blechkuchen, Kleingebäck und Eiweißgebäck gelingen am besten in der Mitte des Backofens. Abweichungen sind möglich und von der Ausführung Ihres Backofens abhängig. Beachten Sie daher auch die Angaben Ihres Herstellers.

NUR FRISCHE EIER VERWENDEN

Bei der Zubereitung von Torten oder Tortenfüllungen mit frischen Eiern, die später nicht gebacken werden, nur Eier verwenden, die nicht älter als 5 Tage sind (Legedatum beachten!). Ei bzw. Eier in eine Rühr- oder Edelstahlschüssel geben und im heißen Wasserbad mit einem Mixer (Rührstäbe) bei mittlerer Hitze aufschlagen, bis eine Temperatur von etwa 70 °C entstanden ist. Die Torten im Kühlschrank aufbewahren und innerhalb von 24 Stunden verzehren.

Versuch macht klug!

Selbst mitmachen und die Dr. Oetker Versuchsküche live erleben – heißt es in Bielefeld. Dort finden regelmäßig Seminare und Vorführungen statt, bei denen den Profis der Versuchsküche über die Schulter geschaut und selbst Hand angelegt werden kann.

Es gibt wertvolle Tipps und so manch raffinierter Trick wird verraten. Zum Abschluss kann das Selbstgemachte in gemütlicher Runde probiert werden. Erleben Sie einen schönen Tag in der Dr. Oetker Versuchsküche.
Wir freuen uns auf Sie.

Alle Infos unter www.oetker.de oder unter 00800 71 72 73 74 (gebührenfrei in Deutschland).

Qualität ist das beste Rezept.

SCHOKOTORTEN

SCHOKOKUCHEN

SCHOKOSCHNITTEN

KLEINE SCHOKOKÖSTLICHKEITEN

ALPHABETISCHES REGISTER

Umwelthinweis   Dieses Buch und der Einband wurden auf chlorfrei gebleichtem Papier gedruckt.
                       Die Einschrumpffolie – zum Schutz vor Verschmutzung – ist aus umweltfreundlichem
                       und recyclingfähigem PE-Material.

Copyright   © 2012 by Dr. Oetker Verlag KG, Bielefeld

Redaktion   Carola Reich, Annette Riesenberg

Titelfoto   Thomas Diercks, Hamburg

Innenfotos   Walter Cimbal, Hamburg (S. 4, 7, 11, 13, 15, 19, 21, 23, 27, 28, 31, 33, 34, 37, 39, 41, 47, 49,
                       51, 53, 55, 59, 63, 65, 69, 71, 73, 77, 78, 81, 82, 86, 91)
                       Fotostudio Diercks (Thomas Diercks, Kai Boxhammer, Christiane Krüger), Hamburg (S. 9, 16,
                       24, 45, 57, 61, 66, 75, 85, 88)
                       Janne Peters, Hamburg (S. 43)
                       Brigitte Wegner, Bielefeld (S. 67)

Nährwertberechnungen   Nutri Service, Hennef

Grafisches Konzept, Satz und Titelgestaltung   kontur:design, Bielefeld

Reproduktionen   Mohn Media Mohndruck, Gütersloh

Druck und Bindung   Firmengruppe APPL, aprinta druck, Wemding

ISBN 978-3-7670-0794-9